AF327715

DE SOFIA

A

TCHATALDJA

RENÉ PUAUX

CORRESPONDANT DE GUERRE DU *TEMPS*

DE SOFIA

A

TCHATALDJA

Avec trois cartes.

PARIS

LIBRAIRIE ACADÉMIQUE

PERRIN ET Cie, LIBRAIRES-ÉDITEURS

35, QUAI DES GRANDS-AUGUSTINS, 35

1913

DE

SOFIA A TCHATALDJA

CHAPITRE PREMIER

LA PÉRIODE DIPLOMATIQUE
(Avant la déclaration de guerre : 3-17 octobre).

Au moment de mon départ pour Sofia (3 octobre), à Paris on ne croyait pas à la guerre, et ma mission en Bulgarie paraissait devoir se borner à une enquête politique et diplomatique. Il était nécessaire que le *Temps* envoyât quelqu'un sur place, notre correspondant habituel, M. Siméon Radef, nous ayant télégraphié qu'il lui était impossible de continuer sa tâche, ayant été appelé sous les drapeaux par suite de la mobilisation générale.

Je partais donc, persuadé qu'au bout d'une semaine ou deux je reprendrais l'Orient-Express. J'avais cependant pris quelques précautions, achetant hâtivement à Paris, dans l'après-midi du jeudi 3 — mon départ ayant été décidé dans la mati-

1

née seulement, — divers objets d'équipement que je supposais ne pouvoir trouver à Sofia, au cas où, malgré les prévisions optimistes, la guerre serait déclarée. Il y avait surtout une certaine jumelle prismatique, puissance 16, qui me donna quelque angoisse et qui fut pendant plusieurs jours un objet de plaisanterie entre mes camarades et moi. « Si la guerre n'éclatait pas, cet instrument coûteux me resterait pour compte, mon journal ne le rembourserait pas. » Je dois dire que cette inquiétude se dissipa assez vite. Les premières impressions de Sofia furent concluantes. Le soir même de mon arrivée, le samedi 5 octobre, après une tournée hâtive de visites dans le monde diplomatique et politique de la capitale bulgare, je télégraphiai au *Temps* :

Sofia, 5 octobre.

Ce matin, debout et tête nue, ce qui a été très remarqué et a provoqué d'interminables acclamations, le roi a ouvert la session extraordinaire du Sobranié et demandé le vote d'un crédit extraordinaire de cinquante millions. La séance a été ensuite levée. On siégera demain dimanche à deux heures, et probablement lundi aura lieu le vote final, qui ne fait pas de doute, tous les partis étant absolument d'accord.

Dans ces conditions d'unanimité du pays bulgare, il reste à examiner la situation diplomatique, la situation envers la Turquie et la situation militaire.

L'accord entre les puissances balkaniques est parfait. Les

tentatives de la Turquie pour détourner la Serbie ont échoué et n'ont aucune chance de réussir.

D'autre part on a l'assurance formelle, *viâ* Pétersbourg, de la neutralité de la Roumanie, et on sait que l'Autriche n'a aucune intention d'intervention.

Ceci étant établi, on attend ici le résultat du dernier essai d'action des puissances sur Constantinople, bien décidé à ne désarmer que si cette action obtient des résultats positifs et non de vagues promesses.

Ceux qui ont pu croire qu'une résurrection du programme de Muerzsteg suffirait à calmer les États balkaniques se trompent.

Les Bulgares estiment qu'ils ne peuvent accepter que la constitution en Turquie d'Europe d'autonomies à caractère national, c'est-à-dire de sphères respectivement bulgare, serbe et grecque.

Ces provinces autonomes auraient leurs Diètes nationales et des gouverneurs généraux chrétiens nommés avec l'assentiment des puissances.

Enfin il serait créé des milices locales, et comme garantie de l'exécution de ces réformes et preuve du bon vouloir turc, on demanderait le retrait immédiat des troupes turques.

On voit que ce programme est singulièrement plus radical que celui de Muerzsteg et le simple contrôle des finances.

Réussira-t-on à le faire accepter par la Porte ? C'est non seulement improbable, mais même presque impossible.

Dans ces conditions, les États balkaniques alliés, après avoir laissé aux grandes puissances le temps strictement nécessaire pour obtenir une réponse de la Porte, feront à Constantinople une démarche collective pour obtenir, eux aussi, leur réponse directe sur la même proposition. On ne laissera pas à la Turquie de délais inutiles; ce sera *oui* ou *non*, et si, comme on le pense, c'est *non*, les hostilités commenceront immédiatement.

Toutes les dépêches qui parleront de déclaration de guerre avant la fin de la semaine seront fausses. Je suis en mesure de vous l'affirmer ; car on veut, comme je l'ai dit plus haut, laisser aux puissances la possibilité d'agir, contre toute vraisemblance d'ailleurs.

Au point de vue militaire, la Bulgarie est prête ; sa mobilisation, qui devait se faire en sept jours, a été terminée en six, avec une telle rapidité et un tel enthousiasme que les chiffres ont dépassé les prévisions.

La concentration des troupes se fera avec la même célérité. Tout a été ici préparé depuis si longtemps qu'il ne peut y avoir d'accroc.

L'instant est décisif, et je dois dire que je n'ai jamais vu un peuple aussi prêt, aussi certain de la victoire et aussi unanime à la certifier imminente.

Par un phénomène curieux, alors que cette décision belliqueuse de la Bulgarie et de ses alliés était évidente, criante, certains de mes confrères, envoyés comme moi spécialement de Paris, se refusèrent, pendant toute la semaine qui suivit et presque jusqu'à la veille des hostilités, à l'admettre. Ils avaient apporté avec eux un optimisme théorique qui leur faisait chercher des preuves de leurs idées au lieu de voir simplement les faits.

A combien de déjeuners et de dîners chez le père Klein n'avons-nous pas entendu certains d'entre eux développer la thèse du bluff balkanique, celle de l'impossibilité de l'effort militaire adéquat, et se baser sur les propos de certain diplomate fort distingué qui déclarait *urbi et orbi* au mois d'août qu'il manquait aux Bulgares 8,000 chevaux et que leurs canons n'avaient pas cent coups à tirer. Ma religion fut éclairée dès le soir de mon arrivée. Il ne me restait plus qu'à suivre la joute diplomatique des cabinets balkaniques avec les cabinets européens pour éviter que ceux-ci les privassent de « leur guerre » sans cesser de conserver leur sympathie.

Le 6 octobre, qui était un dimanche, le Sobranié tint séance à deux heures de l'après-midi. L'Assemblée avait à approuver l'oukase de mobilisation.

Le président du conseil, M. Guechof, prit la parole pour exposer les vues du gouvernement et défendre l'oukase.

Après avoir fait constater l'attitude pleine de correction du gouvernement bulgare qui était allé jusqu'à ordonner la clôture prématurée des grandes manœuvres, afin de prévenir tout motif d'inquiétude chez ses voisins de Turquie, le président du conseil ajouta :

« La Turquie a répondu par la mobilisation, menaçant ainsi directement notre sécurité. Après cet acte de provocation, que rien ne justifiait, la Bulgarie a dû modifier son attitude et mobiliser à son tour; le gouvernement a pleinement conscience de l'extrême gravité de sa résolution et de la lourde responsabilité qui en découle pour lui devant la nation, mais il trouve un réconfort suffisant dans la justice que le monde civilisé rend aux efforts infructueux qu'il a faits pour maintenir la paix, dans le sentiment d'union avec les autres États balkaniques chrétiens qui, comme la Bulgarie, ont épuisé toutes les ressources pacifiques et auxquels les mêmes décisions s'imposent, motivées par la même mobilisation turque; enfin et surtout dans l'appui unanime de la nation entière, qui manifeste par d'éclatantes et admirables démonstrations patriotiques son accord avec le gouvernement, dans l'espoir de voir se lever une aurore nouvelle pour les Bulgares de Turquie. »

En terminant, M. Guechof remercia l'Assemblée de son unanimité. Ce n'était pas, en effet, un spectacle banal que de voir défiler à la tribune, une sorte de petit enclos drapé de rouge, à la gauche du banc des ministres, les chefs de tous les partis, démocrates, stamboulovistes, libéraux, jeunes-radicaux, venant apporter au gouvernement, qu'ils déchiraient naguère à belles dents, le témoignage de leur confiance. Il n'y eut qu'une note discordante, l'inévitable socialiste-pacifiste, qui commença un interminable discours contre la guerre, jetant l'anathème sur ceux qui en acceptaient la responsabilité. On l'écouta un certain temps, et puis on commença à l'interrompre véhémentement. Il continua. Alors certains quittèrent la salle pour ne pas l'entendre. On le traita de sans-patrie et d'autres qualificatifs peu flatteurs que mes connaissances insuffisantes du bulgare ne me permirent pas de comprendre, mais dont on devinait, aux gestes menaçants des interrupteurs, le manque d'urbanité. A la fin, la patience fit défaut, et un député barbu qui trépignait d'indignation près d'une porte s'élança, et attrapant le pacifiste par le bras, tenta de l'arracher de la tribune. Les autres socialistes vinrent défendre leur collègue et ce fut la mêlée générale. Le président, M. Danef, leva la séance au milieu du brouhaha pendant que le pacifiste, accroché à la barre de la tribune, secouait sa tête de petit professeur opiniâtre en manifestant sa volonté ferme de continuer.

A la reprise de la séance, il continua, sans dépasser cependant les limites de la plaisanterie permise. Un silence de mort accueillit la fin de son oraison et l'on se sépara.

Maintenant les jours vont se suivre, monotones, agaçants. Les correspondants, talonnés par le souci de l'information, le besoin de fournir quotidiennement quelque chose à leurs journaux, font la navette entre la demeure de M. Guechof, qui répond invariablement, mensonge que les convenances diplomatiques rendent nécessaire, que « toute chance de solution pacifique n'est pas perdue », et le télégraphe où ils torturent leur imagination. Ils se retrouvent sur le trottoir devant l'hôtel de Bulgarie, autour du billard du café de Bulgarie, ou dans la grande salle morne du Casino, sorte de brasserie à l'allemande où, avant la mobilisation, un orchestre distrayait les consommateurs. On se surveille les uns les autres du coin de l'œil. Si quelqu'un disparaît un instant, on le suppose nanti d'une importante nouvelle et l'on court aux informations. Il n'y a rien, on attend la démarche des puissances et on se prépare à lui répondre évasivement. Et voici, au jour le jour, mes télégrammes :

Sofia, 7 octobre.

Les dépêches de Paris annonçant que M. Sazonow, d'accord avec M. Poincaré, aurait envisagé une action austro-russe à Sofia, ont provoqué ici un certain malaise. On considère que la coopération de la Russie avec l'Autriche a, dans les questions balkaniques, de fâcheux précédents et que rien de bon pour la Bulgarie n'en peut sortir.

On dit, de source très autorisée, que tout d'abord cette intervention sera absolument nulle si elle espère empêcher la guerre, et que si elle se manifeste après la guerre, elle sera contraire aux aspirations des peuples balkaniques.

On comprend la situation délicate de la France, mais on déplore cette tendance de sa politique.

L'état d'esprit que vous indiquait ma dépêche d'hier a atteint, à Sofia, son diapason maximum. Ce matin, des bandes de Macédoniens défilaient en chantant. A deux heures, les régiments d'artillerie sont partis avec leurs canons enguirlandés de fleurs; la population a jeté des fleurs aux régiments d'infanterie partis également hier.

Une fois les bandes de Macédoniens lâchées — et ils sont partis par milliers — et étant donné l'esprit dans le peuple bulgare, on peut presque considérer la guerre comme fatale.

J'avais écrit *déclarée* et non *fatale*. On n'osa pas publier une telle affirmation. A Paris, on croyait toujours à la possibilité d'un arrangement.

Sans quoi, se serait-on donné la peine de peser avec tant de soin cette formule que Londres avait adoucie, malgré le sentiment si net qu'avait M. Poincaré qu'une intervention vigoureuse auprès de la Porte aurait seule une chance d'arrêter les alliés balkaniques ? Ce fut le mardi 8 octobre que la note ci-dessous fut remise par M. de Nekludof, ministre de Russie, et le comte Tarnowski, ministre d'Autriche-Hongrie, à M. Guechof :

« Les gouvernements russe et austro-hongrois déclareront aux États balkaniques :

« 1° Que les puissances réprouvent énergiquement toute mesure susceptible d'amener la rupture de la paix ;

« 2° Que s'appuyant sur l'article 23 du traité de Berlin, elles prendront en main, dans l'intérêt des populations, la réalisation des réformes dans l'administration de la Turquie d'Europe, étant entendu que ces réformes ne porteront aucune atteinte à la souveraineté de Sa Majesté impériale le sultan et à l'intégrité territoriale de l'empire ottoman ; cette déclaration réserve d'ailleurs la liberté des puissances pour l'étude collective et ultérieure des réformes ;

« 3° Que si la guerre vient néanmoins à éclater entre les États balkaniques et l'empire ottoman, elles n'admettront, à l'issue du conflit, aucune modification au *statu quo* territorial dans la Turquie d'Europe.

« Les puissances feront collectivement auprès de la Sublime-Porte les démarches dérivant de la précédente déclaration. »

En recevant les ministres russe et autrichien et en prenant connaissance de la note qu'ils lui remettaient, le président du conseil bulgare se contenta de leur répondre : « Nous avons, hélas ! mobilisé. »

C'étaient les propres paroles que Gortchakof adressait en 1877 à lord Loftus, ambassadeur d'Angleterre, qui venait lui parler d'accord possible avec la Turquie.

La similitude des situations s'affirmait jusque dans la similitude voulue des mots.

D'ailleurs il était impossible de s'y tromper : la Bulgarie ferait la guerre, malgré toutes les notes

diplomatiques. Avant même de connaître le contenu de celle-là, la réponse était prête, et je pouvais télégraphier ce même mardi 8 octobre :

Sofia, 8 octobre, 1 heure.

Voici quel sera le sens de la réponse :

La Bulgarie remerciera les puissances de leur intérêt pour
la cause des populations balkaniques et précisera son point
de vue, demandant aux puissances d'obtenir de la Porte les
mêmes précisions, ce qui paraît difficile.

Donc, la situation n'est pas modifiée malgré les apparences,
la Bulgarie ne pouvant pas donner de délais qui compromet-
traient sa situation militaire.

Il fallait cependant gagner du temps pour permettre à la concentration des troupes de se terminer. On allait donc tenir une succession de conseils
de cabinet, y préparer la réponse aux puissances,
la retarder sous des prétextes variés jusqu'au jour
où on serait prêt.

Le lendemain, mercredi 9 octobre, on distribuait
à midi le communiqué suivant :

« Le conseil des ministres a discuté la communication
remise hier à M. Guechof par les ministres de Russie et d'Autriche-Hongrie. Il n'a malheureusement pas trouvé dans cette
communication les précisions qu'il attendait sur les réformes
proposées à la Turquie, ni les garanties pour leur réalisation.
Mais avant de prendre une décision, il a voulu échanger des
vues sur ladite communication avec les cabinets de Belgrade
et d'Athènes. »

Sous une forme discrète, le communiqué était catégorique. On ne trouvait dans la note des puissances ni les précisions attendues, ni les garanties demandées. Cela ne signifiait-il pas pour tout esprit averti que le conseil des ministres bulgares répondrait négativement à l'heure où il se déciderait à répondre ?

Je télégraphiai le lendemain :

Sofia, 10 octobre.

Le gouvernement bulgare a reçu l'adhésion du cabinet de Belgrade au point de vue bulgare relatif à l'attitude à prendre vis-à-vis de la note des puissances. On attend aujourd'hui jeudi la réponse d'Athènes.

On ne se dissimule pas dans les milieux diplomatiques que la réponse bulgare sera une fin de non-recevoir et je peux dire qu'on s'y attendait. Le communiqué bulgare que je vous ai télégraphié était significatif et on ne s'y est pas trompé, pas plus à la légation d'Autriche qu'à celle de Russie.

Il restera alors au gouvernement bulgare à adresser à la Porte son mémorandum-ultimatum en donnant vingt-quatre heures pour la réponse, ce qui pourra être fait sans doute samedi.

Un diplomate admirablement au courant de la situation vient de me déclarer :

« On peut considérer la guerre comme certaine. Aussi la question de l'éviter ou de ne pas l'éviter n'offre-t-elle plus d'intérêt ; mais ce n'est pas une raison parce que les puissances s'y sont prises trois semaines trop tard pour arrêter l'action diplomatique et l'échange de vues entre elles.

« Si on attend maintenant qu'il y ait eu une bataille à Andrinople pour s'inquiéter d'une intervention nécessaire, on sera de nouveau de trois semaines en retard, et Dieu sait où on ira ! Il faut que dès maintenant les puissances qui n'ont pas su éviter la guerre se préoccupent des moyens de la faire cesser. L'article 3 du mémorandum affirme que les puissances n'admettront aucune modification du *statu quo* territorial en Turquie d'Europe à l'issue du conflit. Cela est très bien, mais il faut que les puissances prévoient aussi bien la victoire turque que la victoire bulgaro-serbe et aient des programmes complètement prêts, y compris les désignations nominatives de gouverneurs-généraux chrétiens des provinces autonomes *et cætera* pour la minute qui suivra la bataille décisive. L'expérience d'un retard dans les décisions et les conversations de chancelleries ne doit pas être renouvelée. On voit à quoi il a abouti ! »

Je vous confirme que la concentration des troupes se poursuit sans à-coups et sera vraisemblablement terminée dans quatre ou cinq jours.

Sofia, 10 octobre.

La réponse bulgare à la note austro-russe ne sera pas remise aujourd'hui, comme on l'avait pensé. M. Guéchof vient de me dire lui-même qu'elle le sera sans doute demain vendredi.

Cet ajournement aurait pour raison, comme je vous l'ai télégraphié, non pas une hésitation de la dernière minute, mais le désir de ne pas entamer la conversation avec les puissances pour leur répondre par une fin de non-recevoir, au moment même où l'ultimatum sera envoyé à la Porte, ce qui coupera court à toute discussion ultérieure.

Sofia, 11 octobre.

Le conseil des ministres a examiné, à la fin de l'après-midi, la note des puissances. A l'issue du conseil, aucun communiqué n'a été fait.

Dans les cercles diplomatiques étrangers, on déclare croire encore à une légère chance de paix, si les puissances sont réellement décidées à agir immédiatement et énergiquement sur la Porte et si elles peuvent non seulement obtenir complète satisfaction, mais encore donner aux États balkaniques des assurances de l'exécution des réformes. On a l'impression qu'il faudrait, pour réussir à arrêter les Bulgares, plus que même la promesse des puissances d'exercer leur contrôle sur l'exécution des réformes en Macédoine, et on s'attend à une réponse évasive du cabinet de Sofia demain.

Evidemment, si les puissances réussissaient à intimider Belgrade et Athènes, la situation pourrait se trouver modifiée ; mais il ne semble pas que cette tactique ait des chances de réussir. « D'ailleurs, me disait un diplomate étranger qui connaît depuis de longues années les Balkans, s'il est vrai que les bandes macédoniennes ont franchi la frontière avec leurs chefs, toutes les démarches que nous pourrons faire seront inutiles. Il serait trop tard. »

Le silence absolu du gouvernement bulgare ne permet que de formuler des hypothèses et je me borne à vous transmettre des impressions ; mais elles demeurent que le cabinet de Sofia ne se prêtera pas à un dialogue diplomatique comportant un long ajournement de l'action décisive.

Quand ce télégramme arriva à Paris, on s'étonna qu'il n'y fût pas fait mention de la déclaration de guerre du Montenegro qui venait de commencer les hostilités. On fit des hypothèses, et celle à laquelle on s'arrêta fut que le gouvernement bulgare n'avait pas laissé pénétrer cette nouvelle dans

le public pour se donner le temps de délibérer et
de prendre position sans être influencé par un
mouvement populaire.

Ainsi donc on croyait encore à Paris à une
paix possible, aux hésitations du gouvernement de
Sofia qui pouvait craindre de se laisser entraîner à
la guerre par la foule qui lui crierait : « Imitez le
Montenegro ! Puisque nous sommes alliés, et que
l'un a marché, faisons comme lui ! »

Quelle chose extraordinaire que cette persis-
tante illusion ! Nous savions parfaitement la déclaration de guerre du Montenegro, mais nul n'y
attachait d'importance. Les Monténégrins ren-
daient simplement officiel ce qui existait en fait
depuis des mois. Ils s'étaient toujours battus avec
les Turcs, cela ne changeait rien, et les Turcs eux-
mêmes ne devaient pas autrement s'en émouvoir.
Aussi continuait-on à Sofia, où les nouvelles du
Montenegro avaient leur place dans les feuilles de
l'agence officieuse, à préparer tranquillement l'action militaire en même temps que la réponse polie,
mais négative, que l'on allait faire aux puissances.

Sofia, 11 octobre.

Le président du conseil, M. Guechof, vient de me prévenir
que la réponse de la Bulgarie ne sera pas encore remise

aujourd'hui aux représentants des puissances. C'est la continuation de la tactique que je vous indiquais hier : éviter d'engager la conversation avec l'Europe jusqu'au moment où la concentration sera terminée et l'ultimatum envoyé à la Porte.

On a prévenu les correspondants de guerre de se tenir prêts à partir.

M. Stanciof et les autres ministres bulgares à l'étranger ont reçu hier des instructions pour expliquer le point de vue de la Bulgarie aux gouvernements auprès desquels ils sont accrédités. Ils doivent dire que les efforts des puissances pour obtenir des réformes réelles en Macédoine ayant toujours échoué et le projet nouveau n'offrant pas de garanties d'un changement radical, la Bulgarie et les États alliés sont dans la nécessité de prendre en main le sort de leurs conationaux macédoniens.

Le gouvernement bulgare a donné des ordres sévères aux autorités provinciales pour que les musulmans de Bulgarie ne soient molestés en aucune façon, même si les Turcs se livraient à des massacres en Macédoine.

Sofia, 11 octobre.

Le roi Ferdinand a assumé le commandement en chef des troupes et s'est adjoint le général Savof. Le général Fitchef a été nommé chef de l'état-major général.

Maintenant la concentration est presque terminée. Les puissances ont remis leur note mardi, on a traîné tant qu'on a pu pour leur répondre, alors qu'on savait parfaitement dès le premier jour ce qu'on leur répondrait. Il faut se décider. On va démasquer les batteries.

Le *Temps*, dans son numéro du dimanche 13 octobre (daté du 14), a la primeur de la nouvelle :

Sofia, 13 octobre.

La réponse à la note des puissances présentée par les ministres d'Autriche et de Russie sera remise aujourd'hui dimanche au début de l'après-midi. De même la mise en demeure des États balkaniques sera présentée aujourd'hui également aux ministres turcs accrédités à Sofia, Belgrade et Athènes.

La note bulgare, comme les notes serbe et grecque, qui sont exactement semblables, commence par remercier les puissances de l'intérêt que leur démarche a manifesté pour le problème soulevé dans les Balkans. La note relève l'expression « *prendre en main* l'exécution des réformes » qui se trouve dans le mémorandum des puissances et dit en apprécier l'importance ; mais, ajoute la note bulgare, « nous nous trouvons dans une situation qui nous fait un devoir de demander directement à la Porte de préciser ses intentions de réformes en Macédoine ».

Cette réponse est bien, comme je vous l'avais fait prévoir, une fin de non-recevoir à l'égard de l'intervention médiatrice des puissances.

En même temps que cette réponse sera remise aux ministres Nekludof et Tarnowski, M. Guechof remettra à Moukbil bey, chargé d'affaires de Turquie, le mémorandum bulgare à la Porte. Cette procédure qui sera imitée également aujourd'hui dimanche, à la même heure, à Belgrade et à Athènes, a été adoptée parce qu'il est impossible de charger les ministres bulgare, serbe et grec à Constantinople de faire cette démarche auprès du ministre Noradounghian, les relations télégraphiques, surtout chiffrées, étant interrompues par ordre du gouvernement ottoman entre les capitales balkaniques et leurs représentants à Constantinople, et il est également impossible d'envoyer des courriers spéciaux.

Le mémorandum des États balkaniques au gouvernement ottoman commence par rappeler qu'ils ont attendu depuis nombre d'années les réformes promises en Macédoine, réformes qui furent inscrites dans des actes internationaux. Les États balkaniques se trouvent dans l'obligation de préciser eux-mêmes les conditions dans lesquelles l'ordre et la paix peuvent être rétablis. Le mémorandum énumère alors les conditions que je vous ai déjà télégraphiées : créations d'autonomies à caractère national; nominations de gouverneurs chrétiens à la tête de chacune de ces régions autonomes; assemblées nationales; langue de la population dans chaque région autonome reconnue comme officielle et administrative; créations de milices régionales (1).

Le mémorandum dit en terminant que pour assurer la réalisation d'un tel programme, le contrôle des grandes puissances et des États balkaniques eux-mêmes est indispensable. Enfin le mémorandum demande à la Turquie, comme preuve de sa sincérité au cas où elle accepterait ces conditions, d'ordonner immédiatement la démobilisation de son armée.

---

(1) Les exigences bulgares portaient sur neuf points dont voici le résumé :

1. Division des provinces en circonscriptions ayant pour base l'autonomie ethnique des nationalités.

2. Représentation proportionnelle au Parlement ottoman des députés des provinces ainsi créées.

3. Admission des chrétiens aux emplois publics de l'empire.

4. Égalité des écoles de tout grade à quelque confession qu'elles appartiennent.

5. Suppression des moagirs.

6. Recrutement régional des milices avec cadres chrétiens.

7. Réorganisation de la gendarmerie sous le commandement effectif d'officiers suisses ou belges.

8. Nomination de valis (gouverneurs) suisses ou belges.

Élection de conseils généraux par les districts électoraux.

9. Conseils supérieurs composés en nombre égal de chrétiens et de musulmans pour surveiller l'exécution des réformes.

Il faut souligner dans ce qui précède la part de contrôle
demandée par les États balkaniques et la condition de démobilisation. Ces deux conditions seront évidemment rejetées
par la Porte qui ne saurait admettre que les États balkaniques jouent à l'égard de la Macédoine le rôle de l'Autriche
vis-à-vis de la Bosnie, ce qui équivaudrait pour la Turquie à
signer sa déchéance de grande puissance en Europe. Les gouvernements balkaniques avaient primitivement songé, comme
je vous l'ai signalé, à demander dans le mémorandum le
retrait des troupes ottomanes de la Turquie d'Europe, et on
avait hésité entre cette exigence et celle du contrôle des
États balkaniques sur les réformes en Macédoine. Après des
échanges de vues entre Belgrade et Athènes la deuxième formule a prévalu.

Ce télégramme est daté du dimanche 13. Je l'ai
en réalité envoyé dans la nuit du 12 et j'en avais
la substance depuis le matin de ce même samedi 12.
Il ne fallait pas songer à l'expédier immédiatement,
la censure, une censure vigilante et impitoyable,
m'en aurait empêché au nom des convenances
diplomatiques qui ne permettent pas qu'un journal
publie une information avant que les intéressés en
aient eux-mêmes connaissance. C'était pourtant
une information précieuse, attendue, que j'avais eu
quelque peine à me procurer. Même le dimanche
matin on me l'aurait arrêtée. Il restait une chance.
Elle me fut favorable. Le bureau de la censure
fermait à dix heures du soir, j'attendis sa ferme-

ture. Or la censure bulgare avait des rouages que j'avais appris à connaître. Tous les télégrammes, après avoir passé par le bureau, faisaient un nouveau stage dans le cabinet du ministre des postes et chemins de fer, M. Franghia, qui les examinait, les relisait et leur donnait l'estampille définitive sous forme d'un petit paraphe au crayon bleu. M. Franghia, homme d'un commerce charmant, m'avait, dès les premiers jours, témoigné quelque amitié. Il se plaisait vers minuit à me donner un coup de téléphone : « Venez donc prendre une tasse de café et fumer des cigarettes. » Il soignait la presse, plaidait auprès d'elle, avec une faconde toute méridionale et chaleureuse, la cause bulgare. Je vins donc ce samedi soir, mon télégramme dans ma poche, fumer des cigarettes et deviser de la France, des alliances balkaniques, de la Triple-Entente, etc... Puis vers une heure du matin, nonchalamment, je sortis les feuillets bleus de ma poche.

— Mon cher ministre, puisque je suis là, pour gagner du temps, je vais vous soumettre ce télégramme qui devrait bien partir cette nuit où les lignes sont moins encombrées et que je voudrais voir à Paris d'assez bonne heure parce que, le dimanche, le *Temps* met sous presse deux heures plus tôt.

— Eh bien, lisez-moi ça !

— Ma diction, qui n'a jamais passé pour bonne, fut, en l'occurrence, effroyable, les phrases étaient coupées de façon biscornue, la ponctuation n'était plus qu'une chimère. D'ailleurs le ministre, éreinté par le travail formidable qu'il fournissait tout le long du jour, n'écoutait pas Son oreille n'avait évidemment plus qu'une faculté : celle de pouvoir saisir, s'ils s'étaient présentés, les mots : mobilisation, concentration, renforts serbes ou autres nouvelles militaires. Du moment qu'il n'était question dans mon histoire que de réformes en Macédoine, d'intervention médiatrice des puissances, d'actes internationaux, cela n'avait pas d'importance.

Et il mit à ma grande satisfaction le paraphe au crayon bleu. Je n'étais pas toutefois complètement rassuré. Si la fantaisie lui prenait de relire mon télégramme, j'étais perdu. J'insistai alors doucement pour qu'il appelât le chef de l'expédition télégraphique, et j'avoue que lorsque je vis mon papier bleu partir pour la salle des opérateurs je ne me tins pas de joie. Je restai avec M. Franghia encore pendant près de trois quarts d'heure, craignant toujours de voir revenir mon papier bleu que quelque télégraphiste, étonné de n'y voir que le paraphe ministériel sans le cachet de la censure, rapporterait par un scrupule de conscience.

Quand je fus sûr qu'il courait sur la ligne, je souhaitai le plus cordial bonsoir au ministre des chemins de fer et m'en fus dormir avec béatitude.

J'assistai, le lendemain, avec une sérénité joyeuse, aux courses affolées de mes confrères à la recherche de renseignements sur les fameuses notes qui, disait-on, allaient être remises. On leur interdit de télégraphier le peu qu'ils avaient pu apprendre avant le soir, car les notes ne furent portées au comte Tarnowski, à M. de Nekludof et à Moukbil bey qu'à sept heures du soir.

Le *Temps* avait paru à trois heures de l'après-midi avec leur contenu.

J'ai dit, en commençant ce chapitre de la période diplomatique qui précéda la déclaration de guerre, que certains se refusèrent à admettre jusqu'à la dernière minute l'évidence.

Ce même dimanche soir, comme nous allions dîner chez le père Klein, un de mes confrères, et des plus distingués, qui, après avoir parié un dîner merveilleux que la guerre n'éclaterait pas, avait passé par une crise pessimiste dans les trois derniers jours, reprit triomphalement sa thèse optimiste : « La note des alliés à la Turquie est la preuve la plus éclatante de ce que j'avance. Ce n'est pas un ultimatum, c'est un mémorandum. La distinction est capitale. Le bluff balkanique est maintenant prouvé. Ils hésitent à la dernière minute. La preuve est faite. »

Et comme je l'écoutais stupéfait d'une telle ténacité dans l'optimisme, je revoyais, la veille au soir, la gare de Sofia où je m'étais rendu avant de faire ma visite au ministre Franghia.

J'avais assisté au passage d'un des nombreux trains amenant les régiments serbes qui apportaient l'appoint de leurs forces à l'armée bulgare dans le choc imminent. Malgré l'heure tardive, plusieurs centaines de personnes étaient sur les quais avec des fleurs, des cigarettes, du tabac, des miches de pain pour les frères serbes.

Curieux retour des choses ! Il y a vingt-sept ans presque jour pour jour, le 14 novembre 1885, l'armée serbe entrait en Bulgarie ; sa droite écrasait les Bulgares à Banskidol ; l'émotion gagnait les faubourgs de Sofia. On se portait en masse sur la route de Philippopoli, d'où on attendait le salut, l'arrivée des régiments de Roumélie. L'angoisse était terrible. Le lendemain les Serbes pouvaient envahir Sofia. Un jeune ministre de la guerre, le major Nikiforof, qui n'avait pas trente ans, relevait tous les courages : on tiendrait, on vaincrait ! Aujourd'hui c'est un général Nikiforof, curieuse similitude de nom, qui, ministre de la guerre, reçoit en gare de Sofia les régiments serbes amis !

De l'autre côté de la voie un train de mobilisation bulgare est arrêté ; sa musique joue à l'arrivée du train serbe, et c'est dans cette nuit froide un grand frisson à entendre cette petite musique qui martèle l'hymne du pays voisin, hier ennemi, aujourd'hui ami. Les soldats, enfermés dans leurs fourgons depuis le matin, se pressent à l'ouverture des panneaux et demandent : « Où sommes-nous ? » On leur répond : « Sofia. » Les acclamations dont on les a salués les ont réveillés ; ils roulent depuis si longtemps qu'ils se croyaient au delà de la frontière turque.

Comment le bluff aurait-il pu être poussé jusque-là ? Comment le roi Ferdinand aurait-il osé cette chose décisive, l'entrée des troupes serbes en Bulgarie, si la résolution n'était pas, et depuis longtemps, prise ?

Certes, comme je le télégraphiai le lendemain 14, cette note ne constituait pas à proprement parler un ultimatum : la Bulgarie se contentait d'y formuler ses exigences.

Mais comme il est évident que la Porte ne répondra pas, du moins immédiatement, je crois savoir que le cabinet bulgare, ne pouvant admettre un ajournement qui compromettrait l'avance incontestable de sa concentration militaire, demandera, dès lundi soir, ou au plus tard mardi matin, à la Porte, de le fixer sur ses intentions dans un délai de quarante-huit heures. Cette seconde démarche sera le véritable ultimatum, caractère que le mémorandum remis hier n'a pas, du moins dans sa forme et sa terminologie.

Je vous avais donné, dans mon télégramme d'hier, mardi soir comme la date et l'heure décisives ; il faut reculer d'un jour ; cela n'a d'ailleurs qu'une importance minime, puisque le résultat final est certain : c'est la guerre inévitable.

Ces derniers jours ne seront pas inutiles pour terminer la concentration serbo-bulgare. Dans l'interview publiée par le *Temps* du 10 octobre, M. Stanciof déclarait, d'après les officiers bulgares, que la concentration totale peut être opérée en dix jours ; or elle a commencé le 5 octobre : concluez.

Je crois d'autre part savoir que le cabinet bulgare prépare pour les cabinets et l'opinion publique d'Europe un exposé général historique des relations bulgaro-turques démontrant l'impossibilité d'aboutir à aucun accord et expliquant par des faits les raisons qui ont poussé le ministère, qui avait tout tenté pour arriver à un arrangement avec la Turquie, à modifier complètement sa politique.

Pendant ce temps la Porte rédigeait de son côté une note en réponse à la communication collective des puissances. Cette communication, on se le rappelle, était faite au nom de la France, de l'Angleterre, de la Russie, de l'Allemagne et de l'Autriche-Hongrie :

Le soussigné, ministre des affaires étrangères du sultan, a l'honneur de rappeler qu'ainsi que Leurs Éminences veulent bien le constater, le gouvernement impérial a déjà reconnu la nécessité d'introduire les réformes que comporte l'administration des vilayets de la Turquie d'Europe.

Il a envisagé ces réformes avec d'autant plus de conviction qu'il entend les appliquer en dehors de toute ingérence étrangère, et qu'il prévoit que dans ces conditions leur exécution ne manquera pas de contribuer à la prospérité et au développement économique du pays en assurant dans l'esprit libéral de la Constitution ottomane la concorde et la bonne harmonie entre les éléments hétérogènes qui composent la population de cette partie de l'empire.

Il est à relever que si, jusqu'à présent, les différents essais pour l'amélioration de la situation à l'intérieur de ces provinces ne produisent pas tous les fruits qu'on était en droit d'en attendre, une des principales causes de ce retard est incontestablement l'état de trouble et d'insécurité causé par les attentats de tous genres provenant des foyers d'agitation dont le but réel ne laisse aucun doute. Le gouvernement impérial n'en apprécie pas moins l'intention amicale de la communication que les grandes puissances ont jugé à propos de faire, en raison des circonstances présentes.

Il s'associe de tout cœur aux efforts déployés par elles pour conjurer le danger d'une collision dont les conséquences entraîneraient fatalement de grandes calamités, qu'il est du devoir du monde civilisé de prévenir par tous les moyens de conciliation. Sous ce rapport nous avons conscience d'avoir pris les devants pour faciliter la tâche humanitaire des grandes puissances en présence du redoutable problème dont elles cherchent la solution.

En effet, sans vouloir insister sur le fait que les vaines stipulations du traité de Berlin reçurent une exécution non conforme tant à la lettre qu'à l'esprit qui les avait dictées, et qu'ainsi les intérêts ottomans furent gravement lésés en plusieurs cas ; sans vouloir en particulier examiner jusqu'à quel point l'article 23 du traité put conserver, plus que les autres articles, une valeur actuelle, le gouvernement déclare qu'il vient de prendre de son propre mouvement la résolution de présenter le projet de loi de 1880 dans tout son ensemble historique, dès l'ouverture prochaine de la session, à l'approbation du Parlement et à la sanction impériale, conformément à la charte fondamentale de l'empire.

Les grandes puissances peuvent être persuadées que les autorités impériales tiendront la main à la scrupuleuse application de la loi dès sa promulgation. Il serait souverainement injuste d'inférer d'anciennes négligences et de tergiversations plus ou moins systématiques, inhérentes à l'autre régime, que l'empire constitutionnel d'aujourd'hui ne renoncerait pas logiquement aux errements passés, et de prendre l'occasion de certains doutes à cet égard pour chercher une autre mesure que celle seule qui est compatible avec l'intérêt bien entendu du pays et des populations mêmes.

Noradounghian effendi faisait ainsi du style à l'adresse des grandes puissances. Quant aux États balkaniques, il les traitait avec dédain. Valait-il la peine de répondre à ces petites puissances, dont l'une était hier encore vassale de l'empire ottoman ? On ne leur ferait pas l'honneur d'une contre-note.

Le mardi 15, la Porte rappelait ses ministres de Sofia, Belgrade et Athènes ; ce rappel était motivé pour les deux premières capitales par la note des États balkaniques ; quant à Athènes, elle était motivée par l'admission des députés crétois à la Chambre hellénique. A propos de la note il s'est produit l'incident suivant à Athènes. Le président du conseil, M. Venizelos, envoya dimanche, par son secrétaire, le mémorandum au ministre de Turquie ; celui-ci, après l'avoir gardé trois heures, le renvoya. L'affaire en resta là.

Les événements se précipitent. Le lendemain mercredi, le chargé d'affaires de Turquie quitte Sofia à dix heures du soir, pour Budapest *via* Belgrade, avec son personnel. La légation de Turquie transmet ses archives à la légation allemande et les intérêts des sujets ottomans seront défendus par le ministre d'Allemagne.

Sofia, 15 octobre.

Le rappel par la Turquie de ses agents change un peu les données du problème. Les gouvernements serbe et bulgare feront état de l'attaque des postes serbes par les troupes turques à Ristovatz et des postes bulgares à Tchoukourkeuï, pour estimer que la Turquie a ouvert les hostilités et a voulu compléter l'état de guerre en rappelant ses ministres; ce qui en effet en droit international n'est pas en soi une déclaration de guerre. Il est donc probable qu'il n'y aura plus d'ultimatum demandant une réponse turque, mais notification que les États balkaniques considèrent l'attitude et les actes de la Turquie comme volonté de faire la guerre.

Le mercredi soir je me suis rendu à la gare pour assister au départ du chargé d'affaires de Turquie. Par le même train partait M. Bobtschef nommé ministre de Bulgarie à Saint-Pétersbourg et qui allait rejoindre son poste. Le train, garé un peu en dehors de la station, était entouré d'un petit groupe de personnes. A l'encontre de ce que l'on m'avait pompeusement annoncé, nul wagon-salon n'avait été mis à la disposition de Moukbil bey et du personnel de la légation de Turquie. Un simple compartiment de première classe leur avait été réservé. Par contre M. Bobtschef avait une couchette dans une voiture de la Compagnie internationale des wagons-lits. Le ministre bulgare était très entouré. Ses collègues l'embrassaient à la mode slave, des dames lui remettaient des fleurs, et le diplomate, dont les traits offraient quelque ressemblance avec ceux de M. Dujardin-Beaumetz, se répandait en poignées de main et en petites allocutions.

Devant le wagon des Turcs, c'était le silence. Quelques correspondants avaient l'élégance de venir tout de même, sous l'œil méfiant des Bulgares, dire adieu à Moukbil bey, un homme jeune, au regard fin, très gentilhomme de manières et d'allures, qui, d'un sourire un peu pincé, regardait les manifestations autour de M. Bobtschef. A un moment donné, M. Franghia, passant devant ce petit groupe solitaire, crut bon de corriger un peu cette impression d'abandon et de froideur. Il s'approcha, et avec sa rondeur toute méridionale tint au chargé d'affaires de Turquie un petit discours rempli d'aménité. « Vous nous reviendrez ! Quand on a pris les eaux en Bulgarie on y revient toujours ! » Moukbil bey s'inclina en souriant, amusé de ces paroles inattendues en un pareil moment et en de telles circonstances.

Et puis l'heure du départ sonna. Les Turcs montèrent dans leur compartiment, tirèrent les rideaux, et le train s'ébranla vers Belgrade et Budapest pendant que des acclamations saluaient l'homme d'État bulgare chargé de maintenir à Saint-Pétersbourg la cordialité de M. Sazonow pour la cause balkanique.

Le lendemain jeudi 17, il n'y a plus que la procédure de la déclaration de guerre qui soit en question.

Sofia, 17 octobre, 12 h. 10.

Les ministres de Bulgarie, de Serbie et de Grèce, qui n'ont pas encore quitté Constantinople, recevront aujourd'hui le document de déclaration de guerre des États balkaniques. Comme je vous l'avais fait prévoir dans mon télégramme du 15, ce texte énumère les actes d'hostilité de la Turquie contre les États alliés : saisie de bateaux grecs et de matériel serbe; agressions aux frontières bulgare et serbe, dont une nouvelle s'est produite à Mardare et à Prepolatz. La conclusion est celle-ci : « A leur grand regret les États balkaniques sont obligés d'avoir recours aux armes. »

La déclaration sera remise demain matin, vendredi, par les représentants balkaniques conjointement au ministre Noradounghian effendi, et les ministres des États alliés quitteront immédiatement Constantinople.

Tout est fini. Cette crise balkanique à laquelle il n'y a pas quinze jours on ne voyait pas d'issue belliqueuse va se dénouer par les armes.

Pour résumer les impressions de cette quinzaine, je ne puis mieux faire que de reproduire la lettre ci-dessous, écrite le 16 octobre, c'est-à-dire l'avant-veille de la déclaration de guerre.

« Sofia, 16 octobre.

« Ces jours d'attente par lesquels nous venons de passer auront été énervants par leur vide. Nous sentions tellement ici qu'il n'y avait aucun espoir de paix, qu'on s'était lassé de faire quotidiennement visite à des hommes politiques pour leur demander leurs impressions sur la situation, leurs prévisions sur le proche avenir. On n'y allait plus que par acquit de conscience, comme pour ne pas manquer la nouvelle du « miracle » si par un invraisemblable hasard il se produisait.

« Et c'est une sensation étrange, cette attente, qui a plus du malaise que de la fièvre, d'une chose dont nous sommes convaincus sans en être mathématiquement certains. C'est si poignant, si grand, malgré tout, que le cerveau anesthésié se refuse à réagir aux impressions minuscules, à tous ces riens qui sont le pittoresque de la vie. On erre sans comprendre, sans précisions, dans cette ville qui garde une apparence d'animation et qui est immensément silencieuse. On voit par petits groupes, lentement, normalement, des gens qui s'en vont à la promenade du soir vers le grand jardin encore fleuri de roses d'automne, et ils paraissent irréels. On voudrait presque les prévenir que quelque chose d'effroyable se prépare, car certainement ils ne savent pas...

« Et puis ce sont des escouades et des compagnies qui passent toujours sans bruit, les chaussures molles fourrées étouffant les pas sur ce merveilleux pavage de faïence dont Sofia a pris modèle sur certaines villes hongroises. De jour, les soldats ont des fleurs piquées dans le canon du fusil, des fleurs aux boutonnières de l'uniforme. Ils poussent quelques hourras, sur le ton triste des Slaves, renversent le buste en arrière, dans une sorte d'extase. Le soir, ce sont des masses lourdes, énergiques, fatalistes, qui gagnent le quai d'embarquement. Ils vont vers Philippopoli, vers Mustapha-Pacha, vers la plaine d'Andrinople, vers l'immense obstacle de Tchataldja avec un grand rêve dans le cœur.

« Maintenant, quand j'écris, je revois, le soir de mon arrivée ici, les salles d'attente, les couloirs de la gare au milieu de la nuit. Le ministre des chemins de fer m'avait conduit là dans son automobile à travers Sofia endormie, déserte, l'état de siège faisant tout fermer à dix heures. Un train de mobilisation venait de passer. On en attendait un autre ; et des centaines de paysans, des retardataires, dormaient par terre. Il y en avait de très jeunes dont le sommeil n'avait pas disjoint les mains unies, sans doute deux frères, ou deux amis du même village, venus comme cela, à la mode orientale, en se tenant par la main jusqu'à Sofia, la capitale d'où l'on partirait pour venger les parents massacrés en Macédoine. Il y en avait des vieux, à barbe blanche, qui avaient accompagné leurs fils, qui avaient peut-être tenté de se faire enrôler et qui demeuraient là, roulés dans d'invraisemblables couvertures, jusqu'à l'aube prochaine, où ils regagneraient appuyés sur leur grand bâton, les hameaux de la montagne. Dans le bureau du chef de gare, le tictac du télégraphe annonçait l'arrivée d'un nouveau train chargé de soldats, et dans le grand silence de la nuit, ce petit bruit saccadé, ce langage mystérieux faisaient passer comme un frisson.

« Et puis dans le kaléidoscope du souvenir le spectacle change. C'est la grande salle du Sobranié avec ses larges tribunes qui regorgent de monde comme les galeries d'un théâtre populaire. M. Guechof vient de parler. Des applaudissements éclatent. Le gouvernement ne faiblira pas. Et là-haut, dans la tribune, une clarté blanche accroche mon regard. Ce sont les larges ailes de mouette d'un chapeau de jeune fille ; elle est au premier rang, et rayonnante, elle bat des mains frénétiquement.

« La guerre, pour cette jeune patriote, c'est sans doute une chevauchée glorieuse, une chanson de victoire parmi les étendards déployés. Elle n'en sait pas les agonies et les horreurs.

« Et voici une autre image : un des amphithéâtres de l'Université. Sur le grand tableau noir est restée, inscrite à la craie, la dernière formule du professeur de chimie. Au pied de la chaire, la reine, en robe blanche, distribue leurs diplômes à une centaine d'infirmières. A l'appel de leur nom, elles descendent les gradins, font une révérence devant la souveraine, baisent sa main dégantée et s'en retournent avec leur parchemin et leur insigne. Et sur cette cérémonie pèse je ne sais qu'elle tristesse confuse. Toutes ces femmes, toutes ces jeunes filles seront demain placées devant des spectacles d'épouvante, et on a pitié d'elles, car elles aussi ne savent pas.

« Alors en pensée l'esprit se reporte à quelques années en arrière, au soir du 13 septembre 1907. Le prince Ferdinand vient d'inaugurer avec le grand-duc et la grande-duchesse Wladimir le monument d'Alexandre II, le tsar libérateur. C'est une statue équestre qui se dresse, comme le Coleoni, sur un haut piédestal. Elle fait face au palais du Sobranié. Cinquante mille personnes ont acclamé le souverain et les membres de la famille impériale de Russie. Des ovations ont eu lieu devant le palais et la légation de Russie. Les manifestants ayant fait allusion à la Macédoine, le grand-duc Wladimir répond, du haut du balcon de la légation de Russie, ce simple mot : « Patience! »

« Aujourd'hui cette patience est à bout ; les Bulgares, oubliant toutes leurs querelles avec les Grecs et surtout avec les Serbes vont au combat contre le Turc, l'ennemi héréditaire commun. Et ce sera une rencontre de démons ! »

CHAPITRE II

LES ALLIANCES BALKANIQUES

Comment l'Europe avait-elle pu à ce point demeurer dans l'ignorance des projets des États balkaniques et de leur décision ? Comment les États balkaniques eux-mêmes, que l'on persistait à croire animés de sentiments hostiles les uns pour les autres, étaient-ils parvenus à conclure l'entente qui allait leur donner la force de vaincre le colosse turc ?

Sur ces différents points, je crois qu'il y a quelque intérêt à lire les déclarations que me fit M. Spalaïkovitch, ministre de Serbie à Sofia. Des diplomates et des hommes d'État qu'il m'a été donné de rencontrer dans mes voyages à l'étranger, M. Spalaïkovitch est certainement l'un des plus remarquables. Une haute intelligence, mise au service d'une énergie enthousiaste, donne à l'expression de sa pensée le tour le plus captivant. Élève de l'Université de Paris où sa thèse de doctorat sur la Bosnie-Herzégovine fit sensation, secrétaire à Pétersbourg, secrétaire général au ministère des affaires étrangères de Belgrade, confident et pour ainsi dire exécuteur testamentaire au point de vue politique de Milovanovitch, c'est à lui et au roi Ferdinand de Bulgarie que l'on doit la conclusion de l'alliance serbo-bulgare du 13 mars 1912.

Les déclarations qu'il voulut bien me faire sont lumineuses :

« On se trompe, m'a-t-il dit, quand on attribue des intérêts égoïstes à la détermination des États balkaniques de régler définitivement la question macédonienne. Nous n'avons été poussés que par une grande idée humaine : mettre fin à une situation atroce qui pèse sur la vie nationale de la Bulgarie, de la Serbie, de la Grèce et du Montenegro. Depuis trop longtemps nous avons compris qu'après trente-cinq ans, les espoirs de réformes, venant de la Turquie elle-même ou favorisées par les puissances, étaient également vains. L'Europe ne l'a pas senti. Elle a commis une double erreur : la première de s'y prendre trop tard ; la seconde de faire un faux diagnostic sur notre but et nos capacités d'action. Ce n'est pas, il y a trois semaines, quand la mobilisation turque a déclanché notre mobilisation générale ; ce n'est pas, il y a trois, quatre ou cinq mois, quand les indiscrétions ont révélé d'abord l'accord serbo-bulgare, puis les résultats de la mission de M. Bochkovitch à Athènes, qu'elle aurait dû se préoccuper du problème balkanique ; c'est il y a un an, au lendemain même de la déclaration de guerre italo-turque. Comment, à ce moment, la diplomatie européenne n'a-t-elle pas compris que les États balkaniques, trouvant enfin la situation politique inespérée qu'ils attendaient depuis longtemps, allaient chercher à en profiter pour régler le problème macédonien? Ce délai d'un an a permis à notre union de se réaliser. C'est en un an qu'un homme d'État aussi turcophile et aussi pacifique que M. Guechof a pu être amené à devenir l'un des partisans les plus résolus de l'action armée. Nous avons été longs à réaliser la profonde sagesse de la grande idée politique dont la mort devait empêcher mon regretté maître Milovan Milovanovitch de voir le triomphe : l'union politique de la Serbie et de la Bulgarie. N'était-ce pas lui qui avait écrit que nous devrions travailler pour l'union des Serbes et des Bulgares, si nous ne voulions pas être submergés par les flots de la poussée occidentale? Ne pas comprendre que l'occasion devait forcément réaliser cette union a été la première erreur de l'Europe.

« La seconde erreur a été de continuer à considérer les États balkaniques à travers les lunettes de Gladstone ; de ne pas faire le simple calcul que nous étions capables de réunir 700,000 baïonnettes et de mettre 1,500 pièces en batterie. On s'est tellement habitué à l'idée que nous étions les petits enfants de la famille européenne qu'il suffisait de mettre au pain sec ou de réprimander pour les faire tenir tranquilles, que l'on ne s'est pas aperçu que nous avions l'âge d'homme, et jusqu'au dernier moment on n'a pas cru à la réalisation de nos affirmations. Nos mobilisations ont été traitées, très sincèrement d'ailleurs, je crois, de bluff coûteux. C'est une incompréhension totale de la situation. Les grandes puissances ont perdu le sens des politiques nationales que les intérêts matériels ne dominent et ne conduisent pas ; elles ont cru qu'au fond de notre agitation il n'y avait qu'une question du partage éventuel de la Macédoine et d'appétits territoriaux. Cette façon d'envisager le problème est si manifestement restée la même

jusqu'au dernier moment, qu'on trouve dans la
note austro-russe le paragraphe 3 relatif à l'intégrité du territoire ottoman, paragraphe qui, dans
l'esprit de ses rédacteurs, devait évidemment, en
fauchant en herbe les espoirs qu'on nous attribue,
nous forcer à désarmer. On se sera jusqu'au bout
trompé. Nous allons faire la guerre, non pas pour
le vilayet de Kossovo ou pour Uskub, mais simplement pour délivrer nos frères de Kossovo et
d'Uskub d'un cauchemar séculaire, pour anéantir
dans ce malheureux pays une autorité malfaisante
et criminelle dont il n'est pas d'autre moyen de se
débarrasser.

« Nous savons l'impuissance turque vis-à-vis
des réformes, et si le ministère actuellement au
pouvoir à Constantinople est peut-être bien inten-
tionné, nous savons d'autre part que le comité
Union et Progrès, la seule organisation politique
de l'empire ottoman, est prêt à le renverser, que
c'est le comité qui a dans la main cette gendarmerie macédonienne qui devait garantir la vie et
les biens des citoyens, et qui est au contraire le vrai
agent de pression électorale, d'exactions et de
troubles; et c'est parce que nous savons cela que
nous répondons aux puissances qui viennent nous

proposer une amélioration du régime de Muerzsteg et une application surveillée de l'article 23 du
traité de Berlin, qu'il est trop tard. Quelle que
soit, en effet, la bonne volonté des puissances on
ne peut pas, à Constantinople, nous donner ce que
nous demandons, et nous ne pouvons pas perdre
la seule occasion, qui ne nous sera peut-être
jamais plus offerte, de venir à bout d'un régime
exécré.

« Quel sera l'avenir? Que décideront les armes?
Nul ne peut le dire, mais les soldats de nos armées
se battront comme des lions, avec des haines et
des vengeances dans le cœur. Quand la bataille
aura donné son verdict, il sera temps de considérer l'organisation pacifique du pays délivré. Que
les puissances, qui n'ont pas su voir avant, sachent
comprendre alors les grands intérêts européens
qui dicteront leurs actes. Il y va des ententes, car
quelle que soit la valeur des accords de pacifica-
tion dont la démarche conjointe austro-russe vient
d'être la preuve, il est certain que les seuls intérêts politiques qui retiennent la Russie en Europe
sont les intérêts balkaniques, et une communauté
absolue d'action de l'Angleterre et de la France
avec la Russie dans les affaires balkaniques est,

après la guerre, la seule garantie de l'équilibre sur lequel vit actuellement l'Europe. »

A cet exposé si clair, si prophétique dans certaines de ses parties, je voudrais ajouter quelques détails complémentaires.

C'est bien au moment de la déclaration de guerre de l'Italie à la Turquie, en septembre 1911, que l'idée d'une entente serbo-bulgare s'imposa à Belgrade comme à Sofia.

Le ministre des affaires étrangères de Serbie, M. Milovan Milovanovitch, lança sans plus tarder une circulaire secrète aux puissances de la Triple-Entente : Russie, Angleterre et France, pour déclarer que la situation créée par la guerre italo-turque était de nature à avoir sa répercussion dans les Balkans et que la Serbie, « en cas de complications, était décidée à prendre les mesures nécessaires à la sauvegarde de ses intérêts ». Le ministre de Russie à Belgrade, M. de Hartwig, qui depuis 1909 travaillait dans cette capitale à l'union des Slaves du sud, attira l'attention de M. Sazonow sur l'importance des événements qui se préparaient. On fit à Saint-Pétersbourg la sourde oreille. On ne pouvait pas, on ne voulait pas croire. A Belgrade, on était cependant décidé à agir vite. Milovan

Milovanovitch donna à son représentant à Sofia, alors en congé, M. Spalaïkovitch, les instructions les plus précises. Il devait immédiatement rentrer à son poste pour travailler à l'entente avec la Bulgarie.

L'instant était d'autant plus grave que la Turquie, craignant, elle aussi, une répercussion balkanique de la guerre avec l'Italie, venait de mobiliser en Macédoine ; et la question se posait pour la Bulgarie de répondre à cette mobilisation. Il fallait, dans l'esprit de M. Milovanovitch, empêcher la Bulgarie de courir le risque du cavalier seul. Elle devait résister à la tentation de répondre à la mobilisation turque afin de réserver son effort pour plus tard, pour l'heure où, alliés, Serbes et Bulgares seraient de taille à vaincre l'ennemi commun.

Quand M. Spalaïkovitch arriva à Sofia, la situation était très tendue. Le roi était absent, faisant une cure en Autriche ; M. Guechof, président du conseil, était également à l'étranger. M. Théodorof, ministre des finances, faisait l'intérim de la présidence. Le conseil des ministres hésitait sur le parti à prendre, quand arriva un télégramme de M. Guechof, demandant à ses collègues de surseoir à toute détermination. Il venait de causer très longuement avec le roi dans la ville d'eaux où il faisait sa cure et il revenait en toute hâte à Sofia.

L'arrivée de M. Guechof dans la capitale bulgare mit toutes choses au point. Le premier ministre était, d'accord avec le roi Ferdinand, décidé à temporiser et à ne pas répondre à la provocation turque. D'autre part, il avait fait route de Budapest à Belgrade avec M. Milovanovitch, et l'homme d'État serbe l'avait converti à ses idées. La négociation du traité d'alliance s'engagea aussitôt entre M. Guechof et M. Spalaïkovitch. Au cours des pourparlers, le président du conseil bulgare rappela à son interlocuteur les incidents qui avaient marqué la signature du traité de paix de Bucarest entre la Serbie et la Bulgarie, en 1884. « Vous vous souvenez, disait M. Guechof, qu'à ce moment nous avions eu l'idée, car j'étais l'un des plénipotentiaires bulgares, d'intituler le traité : *Traité de paix et d'amitié*, mais que le roi Milan consulté s'opposa à cette adjonction. J'espère que cette fois-ci je pourrai signer le traité d'amitié. » Et il le signa le 13 mars 1912.

Le cabinet de Saint-Pétersbourg, protecteur

naturel des Slaves du sud, connut immédiatement le grand événement politique qui venait de se produire. Londres et Paris en furent avisés. Serbes et Bulgares désormais unis allaient pouvoir maintenant envisager de façon sérieuse les risques et les chances d'une guerre avec la Turquie.

Du moment où les adversaires de la veille, ceux que d'aucuns jugeaient ne pouvoir jamais être autre chose qu'adversaires avaient signé un traité d'alliance offensive et défensive, il ne devait donc pas être impossible d'attirer dans cette union le troisième ennemi de la Turquie dans les Balkans : la Grèce.

Les démarches engagées avec Athènes dès le lendemain de la signature de l'accord serbo-bul-gare eurent un succès rapide. Dès le mois d'avril la Grèce entrait dans la combinaison.

Il ne restait plus qu'à choisir le moment et l'heure.

Comme il appert des déclarations de M. Spalaï-kovitch que j'ai reproduites plus haut, la guerre italo-turque avait été une des raisons détermi-nantes de l'accord. Si les États balkaniques devaient avoir quelque chance de vaincre les Turcs, c'était au moment où ceux-ci, engagés dans une lutte qui les occupait ailleurs, ne pourraient mettre en ligne contre des adversaires nouveaux qu'une partie de leurs forces.

On comprend dès lors avec quel intérêt on suivit à Belgrade, Sofia et Athènes les tentatives médiatrices des puissances et ultérieurement les négociations d'Ouchy. Turcs et Italiens allaient-ils s'entendre avant que les alliés balkaniques aient eu le temps d'organiser leur offensive, de préparer complètement l'action militaire qui déciderait de l'avenir des peuples balkaniques et de la libération de la Macédoine ?

Les échecs successifs des tentatives de la diplomatie russe furent à ce point de vue rassurants ; mais lorsque parut la proposition Berchtold, l'inquiétude gagna Sofia et Belgrade. Sous sa forme généreuse et un peu vague d'intervention auprès de la Porte en faveur de la décentralisation en Turquie d'Europe, le ministre des affaires étrangères de la monarchie dualiste n'avait-il pas le but secret d'intervenir uniquement en faveur de l'Albanie, colonie morale de l'Autriche ? Les tendances du Ballplatz étaient connues, c'était la lente marche vers le sud, les projets sur le sandjak vers Salonique, le désir secret d'une Macédoine autrichienne dont l'Albanie, déjà autrichianisée, ne serait qu'un complément.

Comment pouvait-on ignorer l'extension prise par l'influence autrichienne jusque dans la sphère sud de l'Albanie, sur laquelle l'Italie estimait avoir des droits de par l'accord de 1897? Au su de tous, cette influence s'exerçait par l'intermédiaire du clergé, qui gagnait peu à peu tous les Albanais catholiques à la cause autrichienne.

Toute l'organisation catholique albanaise ressortit aux trois archevêchés de Scutari, Durazzo et Uskub. Ces archevêchés ont respectivement 30,000, 13,000 et 16,000 fidèles. Un grand rôle dans la vie catholique de l'Albanie et un plus grand rôle encore dans la propagande autrichienne parmi les Mirdites sont joués par l'ancienne abbaye bénédictine de Saint-Alexandre, à Oroschi, sécularisée depuis et érigée en 1888 en un siège de *nullius diocesis*, c'est-à-dire existant en dehors de l'organisation épiscopale. Elle étend son influence sur 16,000 catholiques albanais; le chef de cette puissante organisation de propagande autrichienne est Mgr Doczi, d'origine hongroise, très influent à Rome et à Vienne. Mgr Doczi, *abbas nullius in Mirdita,* qui est souvent à Scutari d'Albanie, où il possède une seigneuriale résidence, peut être considéré, avec les consuls autro-hongrois de Scutari et de Durazzo, comme le grand trait d'union entre les Albanais et le Ballplatz.

En dehors du clergé séculier, l'ordre des franciscains joue et a toujours joué, comme en Bosnie-Herzégovine, le rôle de grand conservatoire de la propagande de la foi catholique en Albanie ; les couvents de Scutari, Troschani, Castrati, Rotti, Gruda, Triepchi, Selza, Vukati, Poulati, Schoschi, Plante, Nikaj, Aranza et Kiri, Douchmani et Schelja, pauvres, il est vrai, exposés à toutes les privations, occupés chacun par un seul moine, n'en sont pas moins autant d'agences de l'influence autrichienne. Il n'y a plus aujourd'hui beaucoup d'étrangers dans le clergé albanais ; dans les temps passés les prêtres étaient envoyés directement de Rome par la *Propaganda fide* au grand bénéfice de l'influence italienne ; mais aujourd'hui presque tous sont des Albanais qui reçoivent une première éducation au séminaire des jésuites autrichiens, à Scutari d'Albanie, d'où ils partent ensuite, pour parfaire leurs études, en Autriche : Innsbruck, Salzbourg, Villach, Klagenfurth. Le clergé régulier, qui se compose presque sans exception de franciscains, se recrute également parmi les Albanais; il est formé à la maison mère des franciscains, à Scutari d'Albanie.

L'Autriche, ayant d'office le protectorat des catholiques albanais, subvient à l'entretien de tout le clergé : chaque curé reçoit, *viâ* Scutari, du Ballplatz une subvention de six cents couronnes par an. Protecteurs officiels des catholiques albanais, les représentants de l'Autriche-Hongrie ont pu largement utiliser ce droit qui leur est conféré par les traités internationaux, et nombreux sont les millions qui ont passé du Ballplatz en Albanie, par les mains de Mgr Doczi et des consuls autrichiens de Durazzo et de Scutari.

Quant au caractère de la propagande autrichienne, et c'est là le secret de son succès, elle n'essaye point de déraciner les vieilles mœurs des peuples sur lesquels elle veut étendre le pouvoir impérial et royal. En Albanie comme ailleurs, elle ne parle pas aux Albanais de leur décadence morale, elle ne demande que l'amitié des intrépides « Skipetars » qui ont combattu l'orthodoxie slave au sud comme elle a lutté de son côté contre le même ennemi au nord et à l'est.

C'est depuis 1857 environ que les consuls et

envoyés spéciaux autrichiens parcourant l'Albanie font preuve d'un grand esprit de suite et d'infiniment de tact dans leur propagande. Aujourd'hui les missionnaires catholiques, bien choisis parmi les indigènes, sont devenus de très perspicaces propagateurs de l'influence autrichienne; ils ne parlent jamais aux Albanais de projets d'avenir, ni de monarchie : les livres qui se publient à Vienne sur l'Albanie sont, de même, muets à cet égard et ne quittent pas le style descriptif, mais les uns et les autres n'omettent jamais, en toute occasion, de faire le panégyrique de l'empereur François-Joseph, de ses constants soucis et de son affection désintéressée à l'égard des Albanais.

L'Europe allait-elle tomber dans le piège que lui tendait le comte Berchtold ? Allait-elle travailler à cette décentralisation de l'Albanie pour le seul bénéfice de l'Autriche, dont elle encouragerait les espérances plus vastes en Macédoine au détriment des Slaves des Balkans?

Il y avait enfin pour les cabinets de Sofia et de Belgrade une troisième raison de précipiter les événements. Malgré les encouragements que M. Sazonow avait prodigués à ses agents dans ces deux capitales en faveur de l'union des Slaves du sud, on n'était pas sûr de l'assistance indéfinie de Saint-Pétersbourg. On craignait que le comte Berchtold ne pût reprendre à son compte les idées du comte d'Æhrenthal après l'annexion de la Bosnie-Herzégovine, c'est-à-dire dorer, d'une amitié reprise, la pilule que M. Isvolski avait dû avaler, et faire oublier à la Russie l'échec de sa diplomatie en lui tendant, après, une main cordiale et qu'il ne parvînt à séduire M. Sazonow et à le détourner de sa politique balkanique.

Il ne fallait donc ni laisser la paix italo-turque se conclure, ni permettre le succès de la politique albanaise du Ballplatz, ni surtout, enfin, donner le temps à Vienne de détourner Saint-Pétersbourg de ses devoirs panslaves.

Comme le disait M. Spalaïkovitch, les alliés balkaniques « ne pouvaient pas perdre la seule occasion, qui ne leur serait peut-être jamais plus offerte, de venir à bout du régime turc en Macédoine ».

Quand on envisage la situation à la clarté de ces raisons majeures, on comprend que le roi Ferdinand, auquel un de ses confidents parlait dans la première semaine d'octobre de l'action pacificatrice des puissances, se soit contenté de lever la main en murmurant : « Trop tard ! »

CHAPITRE III

LA DÉCLARATION DE GUERRE

Sofia, 18 octobre.

Sofia n'a pas présenté en ce jour de déclaration de guerre de physionomie bien différente de celle des autres jours de la semaine. La rue a gardé son animation restreinte. Les gens circulent, allant à leurs affaires comme si rien ne s'était passé, rien n'allait se passer. Cela choque un peu mon romantisme. Quand j'ai mis le nez à la fenêtre ce matin, je m'attendais à quelque chose d'anormal, à des rumeurs guerrières, à une impression d'immense angoisse et de fièvre. C'était évidemment un peu enfantin. La guerre n'est pas ici, elle est à la frontière, et depuis longtemps les régiments ont rejoint leur lieu de concentration. Pourquoi les étudiantes, qui s'en vont par deux ou trois vers la rue Legay, modifieraient-elles leur petit pas trottinant ? Pour-

quoi les trois ou quatre cochers qui stationnent
près du Jardin public prendraient-ils des attitudes
belliqueuses et héroïques ? Les Bulgares sont gens
froids et pratiques. La guerre est déclarée, oui,
mais ce n'est pas une raison de s'affoler. Sur quelques monuments publics, on a collé de grandes
affiches blanches que décore en leur sommet l'écus-
son royal : le lion debout, flanqué de deux autres
lions qui tiennent l'étendard aux trois bandes. Les
groupes sont peu nombreux devant ces affiches
dont voici d'ailleurs la teneur :

Bulgares!

Au cours de mon règne de vingt-cinq ans, j'ai toujours
cherché, dans un paisible travail de culture, le progrès, le
bonheur et la gloire de la Bulgarie, et c'est dans cette direction que je voulais voir marcher constamment la nation
bulgare. Mais la Providence en a jugé autrement. Le moment
est venu où la race bulgare est appelée à renoncer aux bien-
faits de la paix et à recourir aux armes pour la réalisation
d'un grand problème.

Par delà le Rilo et le Rhodope, nos frères de sang et de
religion n'ont pas eu le bonheur, jusqu'à ce jour, trente-cinq
ans après notre libération, d'acquérir une vie humaine supportable. Tous les efforts faits pour atteindre ce but, aussi
bien par les grandes puissances que par les divers gouvernements bulgares, ne réussirent pas à créer des conditions permettant à ces chrétiens de jouir des droits et de la liberté
accordés à tous les humains.

Les larmes de l'esclave balkanique, le gémissement des

millions de chrétiens n'ont pas pu ne pas ébranler nos cœurs, nous, leurs congénères et coreligionnaires, qui sommes redevables de notre liberté et de notre vie paisible à une grande libératrice chrétienne. Et la nation bulgare se souvient des paroles prophétiques du tsar libérateur. L'œuvre sacrée doit être menée à bout.

Notre amour de la paix est épuisé. Pour secourir la population chrétienne en Turquie, il ne nous reste plus d'autre moyen que de nous tourner vers les armes. Nous voyons que c'est par ce seul moyen que nous pourrons assurer la protection de sa vie et de ses biens. L'anarchie dans les provinces turques a menacé même notre vie nationale. Après les massacres d'Istib et de Kotchana, au lieu d'accorder justice et satisfaction aux éprouvés, comme nous le demandâmes, le gouvernement turc a ordonné la mobilisation de ses forces militaires.

Notre longue patience fut ainsi mise à une rude épreuve. Les sentiments humanitaires des chrétiens leur font un devoir sacré de secourir leurs frères, lorsqu'ils sont menacés d'extermination. L'honneur et la dignité de la Bulgarie m'imposèrent le devoir impérieux d'appeler sous les drapeaux ses fils préparés pour la défense de la patrie. Notre œuvre est juste, grande et sacrée.

Avec une foi recueillie dans la protection et l'appui du Tout-Puissant, je porte à la connaissance de la nation bulgare que la guerre pour les droits humains des chrétiens de Turquie est déclarée. J'ordonne à la brave armée bulgare de marcher sur le territoire turc.

A nos côtés et avec nous, combattront, dans le même but, contre l'ennemi commun, les armées des États balkaniques alliés à la Bulgarie : la Serbie, la Grèce et le Montenegro. Et dans cette lutte de la Croix contre le Croissant, de la liberté contre la tyrannie, nous aurons les sympathies de tous ceux qui aiment la justice et le progrès.

Fort de ces sympathies, que le valeureux soldat bulgare se souvienne des actes héroïques de ses pères et de ses aïeux et de la vaillance de ses maîtres libérateurs russes, et qu'il vole de victoire en victoire.

En avant ! Que Dieu soit avec nous !

Le manifeste est signé par le roi et contresigné par les ministres dans l'ordre suivant :

Président du conseil et ministre des affaires étrangères, Ev. Guechof ;

Ministre de l'intérieur et de la santé publique, Al. Ludskanow ;

Ministre de l'instruction publique, Ivan Peief (ce dernier, directeur du *Mir*, fut nommé à la veille même de la guerre en remplacement de M. Bobtchef, envoyé à Saint-Pétersbourg) ;

Ministre des finances, T. Théodorof ;

Ministre de la justice, P. Abrachef ;

Ministre de la guerre, lieutenant général Nikiforof ;

Ministre du commerce, de l'industrie et du travail, Chr. Todorof ;

Ministre de l'agriculture et des domaines de l'État, D. Christof ;

Ministre des travaux publics, D.-M. Jablanski ;

Ministre des chemins de fer, des postes et télégraphes, D. Franghia.

Ces noms, au bas d'une déclaration de guerre à
la Turquie, sont une des surprises de l'Histoire. Ce
ministère passait, en effet, comme le plus turcophile peut-être de tous ceux qui s'étaient succédé
à Sofia. Le comte de Landemont dans son précis [1]
écrivait : « On estime généralement que le nouveau
ministère est partisan de la paix dans les Balkans
et qu'il s'efforcera de maintenir les relations les
meilleures avec les peuples de la péninsule. »

M. Guechof n'avait-il pas lui-même déclaré en
montant au pouvoir : « Nous sommes des partisans
ardents de la paix » ?

Il avait fallu, pour vaincre ce pacifisme, des raisons bien puissantes. Le sens politique avait été
plus fort que le tempérament.

Autour de ces placards, quelques gamins en
vendent la reproduction dans des éditions spéciales des journaux, des petites feuilles simples du
format du papier écolier. Ces éditions spéciales ne
contiennent presque rien d'autre. Le quartier
général est, en effet, à Stara-Zagora, et Sofia restera
assez longtemps privé de nouvelles. Le palais royal
est morne. Le roi est à Stara-Zagora.

1. *L'Europe et la politique orientale*. Plon, éd. 1912.

A onze heures, il y a eu un *Te Deum* à la cathédrale. La reine y assistait. Elle a été acclamée à son arrivée sur la place par quelques milliers de Macédoniens. Ces volontaires sont, dans l'après-midi, retournés faire l'exercice en dehors de la ville, dans les prairies qui entourent le vélodrome. Les popes surveillaient leurs exercices et les entraînaient à crier en chœur : « Vive le général ! Hourra ! » Puis on les formait par files de quatre, leur apprenant surtout à s'aligner. Combien de temps faudra-t-il pour en faire des soldats ? Ou bien est-ce une simple manière de donner une sorte de cohésion à tous ces efforts individuels ? Une chose touchante, c'est le mélange de toutes les classes sociales, depuis le petit bourgeois en pardessus et melon jusqu'au berger aux longs cheveux bouclés. Il y a même une femme qui joue le rôle de porte-drapeau. Et le plus curieux de tous ces exercices est cette école d'enthousiasme, cette importance attachée aux hourras criés au commandement. Peut-être n'est-ce pas une mauvaise psychologie de l'élan des foules.

Pendant qu'on nous laisse le loisir d'agiter ces questions, l'armée bulgare a dû franchir la frontière.

CHAPITRE IV

LA PRISE DE MUSTAPHA-PACHA

Le lendemain matin, 19 octobre, nous apprenions la prise de Mustapha-Pacha. Les opérations avaient donc bien commencé sans nous, malgré les promesses qu'on nous avait faites. On nous avait même laissé entrevoir la possibilité d'un train spécial qui nous conduirait à la frontière pour assister à son passage par l'avant-garde de l'armée. Chimère ! Ce n'est que le 28 octobre que je devais arriver à ce même Mustapha-Pacha, en avance d'ailleurs de quelques heures seulement sur mes confrères. Sur cette première partie de la guerre, je ne puis que m'en rapporter à ce qu'on m'en a dit et je me bornerai à ce récit que me fit M. Franghia, revenu le dimanche soir 20 à Sofia.

« Le général Kirkof qui dirigeait la manœuvre avait réparti ses troupes en trois groupes pour

cerner Mustapha-Pacha. Les deux premiers suivaient les deux rives de la Maritza, le troisième,
agissant à l'ouest par Eftrem et Gradiste, devait
prendre Mustapha-Pacha à revers par le sud-
ouest. Les opérations des deux premiers groupes
furent faciles ; ils ne rencontrèrent rien devant eux,
Mustapha-Pacha ayant été évacué par les troupes
turques, suivies des musulmans et des juifs de la
ville. Seul, le troisième groupe, qui opérait le
mouvement tournant, essuya le feu de la petite
garnison du fortin de Kourt-Kalé qui, sur la crête
des monts Bestepedag, à 703 mètres d'altitude,
défend la frontière. L'assaut du fortin fut fait à la
baïonnette ; les cinquante Turcs et l'officier qui les
commandait furent tués ou blessés ; il y eut qua-
torze blessés du côté bulgare.

« Après le *Te Deum* à l'église de la Sainte-Vierge
où il avait lu lui-même la proclamation à l'armée :

Les souffrances inouïes de nos conationaux dans l'empire
ottoman, qui depuis longtemps tourmentaient nos cœurs,
ont provoqué une juste indignation dans notre nation.
Tous les moyens pacifiques pour améliorer dans la mesure
du possible la vie de ces martyrs, nos frères par le sang et
par la religion, étant épuisés, nous, interprète fidèle des
aspirations nationales, nous ne pouvions pas rester indiffé-
rent à leurs gémissements, et appuyé par notre nation bien-
aimée, nous avons ordonné à notre brave armée de passer la

frontière et d'engager la lutte contre l'ennemi séculaire.

Notre œuvre est sainte et humanitaire. Dans ces moments décisifs pour le sort de notre patrie bien-aimée, nous sommes sûr que les hommes de tous grades de l'armée se pénétreront de l'importance de leur mission et justifieront les espoirs que la nation fonde sur eux.

En avant, avec l'aide de la Croix et de nos armes ! Que le Dieu de justice soutienne notre main et notre droit !

le roi avait quitté dans la matinée, en automobile, Stara-Zagora, se rendant à la frontière. Il était accompagné d'une quinzaine de personnes, dont les princes Boris et Cyrille, le président de la Chambre, M. Danef, le général en chef Savof, M. Dobrovitch, chef du cabinet ; le général Markof, aïde de camp ; les généraux Ivanof et Ratcho Petrof ; M. Tchapratchikof, secrétaire particulier ; le capitaine Nicolof ; M. de Bourboulon, maître de la cour, et moi.

« Ferdinand Ier arriva à Tirnovo-Seymen à midi et entendit le rapport du général Ivanof ; à une heure, il repartait pour Harmanly et Belitza, petit village à douze kilomètres de la frontière ; là il quitta son automobile, et pendant deux heures regarda de la hauteur voisine de Karaoulat. On distinguait très bien à la jumelle la gare frontière de Mustapha et les bâtiments blancs des caserne-

ments turcs. Sur la droite, au delà de la frontière,
on pouvait apercevoir, derrière un groupe de maisons du village de Mezek, des masses sombres d'infanterie qui se dirigeaient vers Mustapha : c'étaient
les bataillons qui avaient pris part à l'engagement
de Kourt-Kalé (la Redoute des Loups). Par instants, une lame de sabre brillait au soleil, et puis
derrière la troupe, un petit nuage de poussière
soulignait la marche en avant. Comme le roi discu-
tait avec les généraux ou expliquait à ses fils la
manœuvre, on vit déboucher à travers champs
trois charrettes qui, venant du village de Lozen,
cherchaient à gagner la grand'route. Le roi, après
avoir regardé avec sa jumelle, se tourna vers le
petit groupe qui l'entourait :

« — Messieurs, dit-il avec émotion, je vous féli-
cite[1], voici le premier sang versé pour nos frères
chrétiens de Macédoine !

« Et il s'avança à la rencontre des blessés qui
appartenaient à la 7ᵉ compagnie du 3ᵉ régiment
de Chipka (IIᵉ corps d'armée, général Ivanof). Ils
avaient des blessures au côté, au bras ou à la
bouche ; on s'empressa autour d'eux ; le roi leur

----

1. C'est la formule bulgare.

parla longuement et les réconforta. Puis ayant regagné son poste d'observation, il envoya son fils, le prince Boris, leur porter la médaille militaire. Comme les soldats remerciaient en disant : « Merci, monsieur », je leur dis :

« — Mais c'est le prince, votre futur tsar.

« Alors un des blessés, un nommé Giorgi Nadef, qui avait la main fracassée par une balle, se dressa dans la charrette, en criant à ses camarades :

« — Hourra, vous tous !

« Ce qui fut repris en chœur par les blessés, à l'exception de celui qui avait eu les joues trouées par un coup de baïonnette et qui ne put qu'agiter la main. Nadef reprit le cri de guerre bulgare : « Napred ! » (en avant !) et le petit cortège s'éloigna vers le premier hôpital de campagne à Tirnovo-Seymen. Le roi gagna alors à pied la route de Habitchevo, la dernière agglomération bulgare avant la frontière dans la vallée de la Maritza ; les automobiles étaient venues l'attendre là. Comme on arrivait près de Harmanli, à 6 heures, sur le chemin du retour, un officier de l'état-major du général Kirkof arriva au galop, apportant une dépêche ainsi conçue : « Envoie deux bataillons, musique en tête, pour entrer dans Mustapha-Pacha. Une forte détonation vient de se faire entendre ; je crois que les Turcs ont miné le pont de la Maritza devant nous. » Le général Savof tira sa montre :

« — Le mouvement enveloppant doit être terminé à l'heure actuelle, dit-il ; les Turcs ont dû évacuer Mustapha-Pacha.

« Nous eûmes, en rentrant à Stara-Zagora, confirmation du fait signalé par le général Kirkof : les Turcs avaient miné le pont de Mustapha-Pacha, mais leur fougasse, mal placée, n'avait causé que des dégâts sans importance. Ils avaient également, sur une distance de trois kilomètres, déboulonné les rails d'endroit en endroit ; mais la réfection de la voie a été immédiatement entreprise et terminée.

« Comme nous arrivions à Stara-Zagora, une dépêche de Mustapha-Pacha, dont la gare et le télégraphe étaient intacts et déjà gérés par des employés bulgares, nous donna des détails sur l'évacuation de la ville à laquelle aucun dommage n'avait été causé par les fugitifs, nous apprit la saisie d'une grande quantité de pain et de fourrage et la marche extrêmement rapide des troupes bulgares pendant toute la journée. »

Que faisait pendant ce temps, car la prise de

Mustapha-Pacha était une opération sans grande importance, la situation stratégique de cette localité, en contre-bas des collines de la frontière en rendant la défense inutile, le reste de l'armée ? Un court bulletin officiel nous annonçait que tout à fait à l'est, dans le voisinage de la mer Noire, une colonne bulgare était entrée à Malko-Tirnovo, et M. Franghia parlait à la fin de sa conversation d'un télégramme annonçant qu'au sud de Philippopoli, le colonel Sofronief était aux prises depuis samedi matin avec trois mille Pomaks, commandés par Hadji Alil bey. Dans un premier engagement, les Bulgares, pris de flanc, avaient eu 34 blessés, mais les batteries bulgares avaient incendié la position de Tchokourkeuï, et on comptait que le soir les Pomaks seraient cernés.

Ce n'étaient là que des opérations accessoires. L'état-major avait un plan. Quel était-il ? Comment allait se dessiner cette campagne ? Qu'en verrions-nous ? Au train où allaient les choses, nous risquions fort d'être encore à Sofia alors que l'armée bulgare aurait déjà livré le combat décisif. Jamais correspondants de guerre n'avaient été plus loin du théâtre de leur métier.

CHAPITRE V

LES CORRESPONDANTS DE GUERRE

Sofia, 21 octobre.

Enfin, c'est décidé : d'un moment à l'autre, nous partons. Aujourd'hui, nous rejoindrons le quartier général à Stara-Zagora. En attendant, c'est toujours par des tiers que nous sommes renseignés.

Il a fallu plus de sang-froid, me raconte quelqu'un, plus de peine pour retenir les troupes que pour les lancer en avant. Voici un fait : les chefs de corps des deux armées bulgare et serbe avaient dû décréter la peine de mort contre tout homme qui répondrait aux provocations turques avant l'heure solennelle. Et c'était aussi la peine de mort pour quiconque toucherait aux vivres de campagne. Il y eut un pauvre diable de Serbe qui avait faim et qui se laissa tenter. Il ouvrit une boîte de conserves. Le conseil de guerre fut impi-

toyable : la mort. On creusa sa fosse, et, debout
sur le petit remblai de terre fraîche, le condamné
attendit courageusement la salve du peloton d'exécution. Au dernier moment, la grâce fut accordée.
Alors le soldat se jeta aux pieds de son commandant en pleurant. Il voulait être le premier à se
présenter aux balles turques dans le plus proche
engagement.

Ce que cette lutte sera, on frémit d'y songer
quand on connaît la haine séculaire du Bulgare et
du Serbe contre le Turc, et celle du Turc contre le
chrétien. « Ce sera, me disait un vieux Balkanique,
une boucherie formidable. »

Je ne sais quelle est l'organisation du « Croissant-
Rouge » et si, du côté turc, on est en mesure de
soigner beaucoup de blessés. Du côté bulgare, on
a fait son possible; la reine, avec un inlassable
dévouement, a groupé toutes les bonnes volontés
avec l'aide de Mme Stanciof, la femme du distingué
diplomate, rentré à la déclaration de guerre pour
reprendre son uniforme d'officier.

Il est malheureusement sûr que, malgré toute
la prévoyance, on se trouvera débordé, car les
hôpitaux de campagne sont insuffisants et l'évacuation des blessés sur Philippopoli et Sofia sera

difficile, la voie unique du chemin de fer devant être encombrée par les trains de ravitaillement d'une armée forte, au moins dans cette direction, de 300.000 à 400.000 hommes. Ce n'est pas sans une certaine mélancolie qu'au travers des vitres on distingue dans les salles d'attente de la gare de Sofia des rangées serrées de lits et de matelas avec de jolies et claires couvertures du pays. Aujourd'hui, c'est le silence dans ces chambres improvisées. Mais demain?... Alors, il passe dans mon souvenir les récits que me fit mon père, aumônier de l'armée de Sedan, sur tant d'agonies dont il fut le témoin dans la filature de Vouziers, transformée en hôpital de la Croix-Rouge. Les terribles choses qu'on vit alors, on les reverra demain.

Les magasins de Sofia ont été dévalisés par un véritable régiment de correspondants (nous sommes déjà quatre-vingts), et comme les services de l'armée ont fait un vide préalable, les approvisionnements en vivres et matériel ont le caractère de découvertes sensationnelles. L'homme qui a trouvé une boutique où il restait encore des jambières, ou un caoutchouc, ou des boîtes de conserves, ou du saucisson est admiré et envié par ses confrères. Par contre, nul n'a pu découvrir une selle, et l'on a fait la chasse aux courroies avec une ardeur toute sportive. Nous devons bien, en principe, être les hôtes de l'état-major général. On dit même que nous serons logés et nourris dans un train qui avancera peu à peu derrière l'armée, mais ce sont là peut-être des utopies. Une fois l'action engagée, les correspondants seront sans doute de simples gêneurs qui devront se débrouiller tout seuls. Et c'est pourquoi les prévoyants, ceux qui ont déjà vu des guerres dures et difficiles, n'ont rien négligé.

Mon ami Naudeau, dont l'autorité mandchourienne fait impression, est religieusement écouté quand il conseille d'acheter un *grill*, une hache pour casser du bois, des bouillottes, du sucre, du café, du thé, etc. Il y a des correspondants allemands que ces conseils affolent complètement ; ils se chargent d'invraisemblables inpedimenta ; on les voit revenir à l'hôtel avec des chargements d'objets inutiles, de vêtements innombrables, de collections de jambons immenses. Comment feront-ils pour transporter tout cela ?

Pour ma part, j'emporte dans un panier en osier un petit approvisionnement de première nécessité où la bouillotte voisine avec du gros sel, du café turc, du thé, deux litres de cognac, un flacon de

rhum, des sardines, du thon, douze « déjeuners du
cycliste », un kilo de sucre, des chandelles, des
bougies, plusieurs douzaines de boîtes d'allumettes,
mille cigarettes, une gamelle, de la poudre insec-
ticide, du chocolat et un magnifique saucisson de
trois kilos ; une valise à main contenant le linge de
rechange et la papeterie complète mon bagage[1].

Il y a de quoi, en cas d'aventure, subvenir à nos
besoins immédiats et à ceux de mon compagnon,
un jeune Bulgare, Jordan Metchkarof, de son état
comédien, ancien élève de Paul Mounet, dont l'âge
n'avait point permis l'enrôlement et qui est entré à
mon service comme secrétaire, interprète, cuisi-
nier, n'importe quoi, pourvu qu'il pût, lui aussi,
participer à la guerre, à la « croisade », d'une
façon ou d'une autre[2].

Tout le peuple bulgare est pénétré d'une même
flamme. Rien n'existe plus pour lui que la guerre.
Les trains ont emporté derrière les hommes leurs
charrettes, réquisitionnées comme tout le reste,

1. Quant à la literie, tente-abri, table et chaise, cantine-
popote, je devais faire ménage avec le marquis de Segonzac
dont l'expérience marocaine me devait être en ces matières d'un
providentiel secours.

2. Jordan Metchkarof me quitta quelques jours après notre
arrivée à Stara-Zagora, appelé sous les drapeaux avec la classe
1913.

les jolies charrettes aux parois peintes en rose et
en bleu qui les ramenaient joyeux, les soirs de
moisson, vers les villages de la plaine.

Un peuple entier est parti ; nous partons avec lui,
et c'est avec émotion que nous le suivons.

Stara-Zagora, 22 octobre (Quartier général).

On nous a gardés longtemps, trop longtemps à
Sofia. Depuis le jour où nous avons su que tout
était fini, la capitale bulgare n'offrait plus d'intérêt.
D'ailleurs, le roi Ferdinand, l'état-major, tous les
personnages du grand deuxième acte étaient à
Stara-Zagora ou à la frontière. Nous avions hâte
de les rejoindre, d'être les témoins de cette lutte
dont les répercussions peuvent être considérables
dans l'histoire du monde. L'état-major ne paraissait pas être animé d'une égale hâte de satisfaire
notre curiosité. Quand on y réfléchit, on comprend
fort bien ses raisons. La presse est une puissance
avec laquelle il faut compter, mais quand on joue
une partie où l'existence d'un pays est en cause,
tout ce qui risque d'en compromettre le résultat
est dangereux au premier chef.

On ne cache pas des armées de 150,000 à 200,000
hommes à un correspondant qui circule à cheval

dans le rayon des opérations. Son devoir professionnel l'emporte sur toutes autres considérations. Il voit. Il veut décrire. Il souffre des contraintes qu'on lui impose. Il trouve les moyens les plus difficiles pour faire parvenir ses nouvelles. Il traverserait au besoin la Bulgarie pour aller à Roustouk, franchir le Danube et confier au télégraphe roumain le message révélateur. Pour lui, l'information est un besoin vital.

Tous ces éléments psychologiques sont connus ici. On en redoute les effets ; et c'est pourquoi, après nous avoir gardés à Sofia, on nous a réunis à Stara-Zagora qui est bien le quartier général, mais est à plus de 100 kilomètres de la frontière. Cette distance n'a pas empêché un certain nombre de novices d'apparaître sur le perron de la gare de Sofia en costumes effarants. Tartarin correspondant de guerre n'aurait pas fait mieux. Certains, avertis que l'hiver des Balkans est rigoureux, ont des costumes d'alpinistes ; or, il fait un soleil de juillet et l'on se mettrait beaucoup plus volontiers en bras de chemise. D'autres sont bottés, éperonnés, ceints de sacoches, cartouchières, étuis à revolver, appareils photographiques. Ils ont au bras les brassards rouges distribués par le bureau de censure, et l'on croirait vraiment que l'on se rend à un meeting d'aviation (enceinte réservée). Tout cela fournit un élément comique qui finit par faire oublier qu'à 100 kilomètres de là on se bat avec frénésie.

Stara-Zagora, 25 octobre.

La question des correspondants de guerre est l'une des plus intéressantes soulevées par les événements actuels. Il est certain, comme je l'ai dit plus haut, qu'il y a contradiction entre la nécessité vitale du secret militaire et la nécessité d'indiscrétion du journalisme. L'état-major bulgare a cherché à y remédier en adoptant les règlements japonais au moment de la guerre de Mandchourie. Je crois intéressant de reproduire ici le document qui me fut remis en même temps que mon brassard rouge B. K. H° 4, et ma carte d'identité avec photographie dont le double restait à mon dossier à Sofia.

RÈGLEMENT

POUR LES CORRESPONDANTS DE GUERRE AUTORISÉS
A SUIVRE LA CAMPAGNE

I. — Les personnes qui désirent être autorisées à suivre l'armée en qualité de correspondants de guerre doivent présenter à cet effet un certificat écrit ou expédié par dépêche de la rédaction du journal ou du directeur de l'agence qui les a envoyées.

II. — Les sujets étrangers doivent présenter en plus une lettre de recommandation de la légation de leur pays à Sofia.

III. — Les personnes politiquement suspectes ne sont pas admises au nombre des correspondants.

IV. — Les correspondants de guerre sont placés sous le contrôle de la section de censure de l'état-major général de l'armée en campagne ou celui de la section de censure des états-majors des armées particulières.

V. — Aussitôt arrivés sur le théâtre de la guerre, les correspondants doivent se présenter à la section de censure près l'état-major général de l'armée en campagne et lui soumettre les documents suivants :

a) Un papier d'identité (passeport ou autre certificat équivalent) ;

b) Une photographie dûment identifiée ;

c) Un certificat d'honorabilité délivré par les autorités administratives ;

d) Un certificat de la rédaction du journal ou du directeur de l'agence qui les a envoyés (voir § 1).

REMARQUE. — Pour les sujets étrangers, le certificat d'honorabilité est remplacé par la lettre de recommandation de la légation de leur pays à Sofia.

VI. — Sur présentation des documents ci-dessus énumérés, la qualité de correspondant de guerre leur est accordée.

Puis ils certifient par leur signature que lecture leur a été donnée de l'instruction pour les correspondants de guerre.

VII. — Ceux qui ont reçu la qualité de correspondants de guerre sont munis par l'état-major général de l'armée en campagne d'un permis de séjour pour un point déterminé.

VIII. — Les correspondants de guerre ne peuvent se déplacer d'un point de l'armée à un autre point avant d'avoir reçu à cet effet une autorisation spéciale de la section de censure de l'état-major général de l'armée en campagne. Cette autorisation leur est délivrée sur demande faite personnellement, par écrit ou télégraphiquement.

IX. — Aussitôt arrivés dans le rayon d'une armée ou de quelque unité de l'armée, les correspondants de guerre doivent se présenter à l'état-major respectif et prendre l'engagement d'observer les règlements spécialement édictés dans cette armée ou dans cette unité de l'armée à leur usage.

X. — Les correspondants de guerre ne peuvent rester auprès de quelque unité de l'armée que sur autorisation spéciale du commandant de cette unité. Si celui-ci juge, pour des raisons militaires, leur présence inopportune, il leur retire l'autorisation accordée.

XI. — Les correspondants de guerre ne peuvent quitter l'armée ou l'unité d'armée auprès desquelles ils se trouvent qu'après avoir préalablement averti le commandant respectif de leur départ et en suivant l'itinéraire qui leur sera indiqué.

XII. — Les correspondants de guerre doivent avoir toujours sur eux-mêmes et pouvoir présenter, toutes les fois qu'ils en seront requis, les documents qui leur sont délivrés ainsi que leur photographie dûment identifiée.

XIII. — Dans leur service d'information les correspondants de guerre doivent se conformer à l'instruction publiée à leur usage.

XIV. — Les correspondants de guerre doivent, en outre, se conformer à toutes les dispositions prises par la censure militaire ou celles qui seraient provoquées par les conditions de la guerre.

XV. — Les correspondants de guerre doivent présenter à la censure militaire toutes leurs dépêches et lettres, destinées à la publicité ou de caractère privé, envoyées à l'étranger ou à l'intérieur du pays. Les paquets et les lettres sont présentés à cet effet non cachetés.

XVI. — Les dépêches destinées à la publicité sont présentées à deux exemplaires.

XVII. — Les correspondants de guerre doivent faire à la censure un service de deux exemplaires des journaux et périodiques qui les ont envoyés.

XVIII. — Les correspondants de guerre doivent porter toujours à leur bras gauche un brassard de couleur rouge portant les lettres cyrilliques B. K. Ce brassard leur est donné par la section de censure. Il leur est interdit d'arborer aucun autre signe distinctif.

XIX. — Les correspondants de guerre sont responsables des faits et gestes de leurs serviteurs dont l'identité doit être dûment certifiée.

XX. — Avant de quitter le théâtre de la guerre, les correspondants de guerre doivent se présenter à la section de censure près l'état-major général de l'armée en campagne et suivre l'itinéraire qui leur sera tracé.

XXI. — Au cas où un correspondant de guerre ne suivrait pas ce règlement, refuserait d'optempérer à un ordre militaire, manquerait de discrétion, enverrait des dépêches tendancieuses dénaturant les faits ou visant à jeter le trouble dans les esprits, il lui sera, selon la gravité de ses manquements, défendu de faire son service pour un laps de temps déterminé ou il sera renvoyé définitivement de l'armée. Ces peines disciplinaires ne sont prévues que pour les cas qui ne comportent pas de sanction pénale.

XXII. — Le correspondant de guerre renvoyé de l'armée doit partir immédiatement. Son expulsion se fait à ses frais. S'il n'est pas en état de subvenir à ces frais, les autorités militaires ne sont pas responsables des inconvénients éventuels de son voyage.

XXIII. — Le présent règlement est également valable pour

les correspondants photographes. Ceux-ci ne peuvent prendre
des vues que sur autorisation spéciale du commandant du
rayon militaire où ils se trouvent.

Le chef de l'état-major de l'armée en campagne,
Le général-major d'état-major,

Fitchef.

INSTRUCTION

POUR LES CORRESPONDANTS DE GUERRE
SUR CE QUI LEUR EST INTERDIT DE PUBLIER

Il est interdit aux correspondants de guerre d'envoyer des
informations :

I. — Sur l'organisation des unités de l'armée, la disloca-
tion et le nombre des troupes, les travaux préparatoires
ainsi que les intentions et les projets des commandements.

II. — Sur les dispositions et les déplacements des unités
de l'armée, du personnel du commandement, des états-
majors, des services derrière l'armée et des réserves.

III. — Sur la dénomination des divisions, des détache-
ments et des différentes unités de l'armée, ainsi que sur les
noms du personnel du commandement; cela, bien entendu,
dans la mesure où ces informations peuvent constituer des
renseignements sur l'organisation des armées ou sur les
lieux où elles sont disposées.

IV. — Sur l'armement des armées et des forteresses ; sur
l'état des positions; sur le service de ravitaillement et l'état
sanitaire des troupes.

V. — Sur les effets des projectiles et la régularité du tir
de l'armée ennemie.

VI. — Sur la préparation, l'expédition, l'itinéraire et l'arrivée des troupes; leur renforcement; de même sur le personnel naval participant aux opérations.

VII. — Sur la résistance et l'état technique des voies ferrées et des lignes militaires qui servent au transport des troupes et du matériel de guerre; de même sur l'état des chaussées et autres routes anciennes ou nouvellement construites, dans les rayons des opérations de guerre.

VIII. — Il est interdit de publier sur l'armée ennemie les données recueillies par notre service de renseignements ou fournies par la population, lorsque ces données sont de nature à gêner ultérieurement le service de renseignements.

IX. — Il est interdit de publier les noms des blessés et des tués avant qu'ait paru la liste officielle.

X. — La censure ne laissera pas passer la description des faits de guerre défavorables à notre armée ainsi que la critique des ordres et des dispositions du commandement.

Le chef de l'état-major général de l'armée en campagne,
Le général-major d'état-major,

Fitchef.

INSTRUCTION

POUR LES ÉCRIVAINS, ÉDITEURS, IMPRIMEURS, COLPORTEURS DE REVUES, JOURNAUX, DESSINS ET TOUTE SORTE DE PUBLICATIONS EN TEMPS DE GUERRE.

I. — Le service d'information de la presse en temps de guerre ne peut communiquer sur les opérations militaires que les renseignements qui lui sont fournis par le ministère de la guerre ou par l'état-major du commandant en chef, d'une façon générale par les autorités militaires.

Il est défendu :

II. — De dénaturer les informations officielles et de publier des articles ou des brochures qui seraient de nature à exercer un effet défavorable sur l'esprit de l'armée et l'opinion publique du pays.

III. — De publier des renseignements relatifs à la mobilisation, aux mouvements de l'armée et aux transports de troupes par le chemin de fer. La même défense s'étend sur l'organisation de l'armée ainsi que sur son armement, sur son habillement, sur son ravitaillement, sur son état sanitaire ; de même sur le nombre des troupes et la nomination du haut personnel du commandement.

IV. — De communiquer l'arrivée de matériel commandé en pays neutres ainsi que les commandes et achats faits en pays étrangers.

V. — De publier des renseignements sur le nombre et la composition de l'armée et de ses différentes unités.

VI. — De publier le nombre des morts et des blessés, ainsi que les noms des chefs morts et blessés, à moins qu'il n'y ait une autorisation spéciale à cet effet.

VII. — De critiquer les actes des chefs et de l'armée et, d'une façon générale, d'émettre des opinions susceptibles de porter préjudice à leur prestige.

VIII. — De publier des articles et des brochures réclamant la cessation de la guerre ou faisant des commentaires sur les dommages causés par elle.

IX. — De publier des images ou des dessins de quelque nature que ce soit ayant pour but de jeter la dérision sur un chef ou sur une unité de l'armée.

X. — De publier quoi que ce soit sur une défaite ou sur une retraite de nos armées, sur la perte d'une position, forteresse, drapeau, batterie, etc., à moins qu'il n'y ait sur ces faits des informations données par l'autorité compétente.

XI. — De publier les événements fâcheux survenus derrière l'armée ou à l'intérieur du pays, comme par exemple une catastrophe sur les chemins de fer, un grand incendie, une explosion de quelque dépôt militaire.

XII. — De publier l'apparition de quelque épidémie dans l'armée ou dans le pays.

XIII. — De publier qu'une révolte de population non bulgare dans le royaume a éclaté ou se prépare, soit derrière l'armée, soit dans l'intérieur du pays.

XIV. — D'imprimer des proclamations, des appels pour des réunions publiques hostiles aux pouvoirs constitués de l'armée ou bien ayant pour but de réclamer la cessation de la guerre.

XV. — D'importer des dessins, des journaux, des revues et toute sorte d'imprimés ayant pour but d'exercer une influence défavorable sur l'esprit de l'armée et du peuple ou d'offenser le personnel commandant. L'interdiction s'étend à la reproduction des publications ci-dessus mentionnées.

XVI. — En cas d'infraction à cette instruction, l'autorité judiciaire compétente ordonne une action publique conformément au chapitre ii et à l'article 163 du chapitre vi du code pénal contre l'écrivain, l'éditeur, l'imprimeur ou le colporteur. L'imprimé, le dessin ou la carte sont confisqués et retenus comme corps du délit.

Le chef de l'état-major général de l'armée en campagne,
Le général-major de l'état-major,

FITCHEF.

Si l'on examine ce document, on se rend compte qu'en suivant à la lettre les interdictions formulées dans l'*Instruction* il est loisible à la censure d'ôter tout intérêt aux correspondances et télégrammes.

Pendant les premiers temps, la censure ne s'en est pas privée. J'ai sous les yeux un télégramme

que j'avais rédigé le 22 octobre et qui était ainsi
conçu :

Temps, Paris :

Du quartier général-stop- on s'attend pour aujourd'hui à
grande bataille de armée de l'est sur Kirk-Kilissé position
capitale clef de route de Constantinople.

Quand la censure me le rendit estampillé, il ne
restait plus que ceci :

Temps, Paris :

Du quartier général-stop- on s'attend pour aujourd'hui à
grande bataille.

Le comique de ce tronçon de dépêche avait sans
doute échappé aux censeurs, car ils ne m'auraient
pas rendu ce document que je garde avec son pré-
cieux cachet bleu, justification meilleure qu'aucune
autre des difficultés de notre tâche.

Du moment qu'il était impossible de transmettre
les nouvelles intéressantes et véridiques, il valait
mieux prendre patience et attendre d'être au front
pour se rattraper au moins sur le pittoresque.
Malheureusement, ce silence obligatoire ne pouvait
être du goût de certaines rédactions qui n'osent
pas avouer à leur public qu'elles ne sont pas plus
renseignées que les autres. Alors, sur un ordre

formel transmis télégraphiquement par leur direction, certains correspondants commencèrent —
beaucoup, je dois le dire tout de suite, en ayant
honte d'agir ainsi — à inventer purement et simplement les détails des combats qu'ils ignoraient.

Il y eut comme cela un récit de la prise de
Kirk-Kilissé (expédié à triple taxe soit 90 centimes le
mot!) et publié à grand fracas : *Le premier récit
de la prise de Kirk-Kilissé* qui restera un monument
de la correspondance de guerre. Nous n'avions
reçu à Stara-Zagora que ce bref communiqué :
« Les troupes bulgares sont entrées à Kirk-Kilissé.
On a pris un grand nombre de canons et d'approvisionnements. » Sur ce thème, l'envoyé spécial
broda une narration héroïque. Penché sur sa carte,
il nota les noms des villages environnant Kirk-
Kilissé, mit des avant-gardes par-ci, des batteries
par-là, et une fois lancé, trouva des termes colo-
rés pour décrire le duel d'artillerie entre les forts
et les canons de l'assaillant, l'assaut final de la
ville, le combat décisif dans les rues.

Le malheur était pour cette page d'Histoire que,
comme on l'apprit plus tard, les Turcs avaient
évacué Kirk-Kilissé huit heures au moins avant
l'arrivée des Bulgares qui furent reçus à l'entrée de la

ville non pas par des salves de mitraille, mais par les habitants portant des fleurs et le traditionnel plateau slave avec le pain et le sel.

A une plainte formulée auprès des censeurs contre leur visa mis au bas d'élucubrations de ce genre, alors que nos dépêches étaient massacrées, il fut répondu : « Nous ne sommes pas là pour contrôler l'exactitude des dépêches et faire l'examen des facultés imaginatives de leurs auteurs. Nous vous laisserons passer tous les romans qu'il vous plaira d'inventer, mais pas les nouvelles dont l'exactitude peut être une indication pour l'ennemi. Plus vous êtes personnellement sérieux, plus votre réputation d'informateur consciencieux est assise, plus sévère sera notre contrôle. »

Ce *distinguo* a été poussé à ce point qu'il m'est arrivé de voir la même nouvelle autorisée dans la dépêche d'un de mes confrères et supprimée dans la mienne, sous prétexte que dans son journal, cela n'avait pas d'importance, alors que dans le *Temps*, cela en avait une !

CHAPITRE VI

A STARA-ZAGORA

Stara-Zagora, 22 octobre.

Stara-Zagora est une jolie petite ville au pied de douces collines. Ses longues rues cahoteuses ont tout le caractère du proche Orient. Dans les cafés en plein vent, sous les portiques de vigne piquée de grosses grappes noires, les gens devisent avec la placidité des pays du soleil. Aux alentours de la gare, le long de plusieurs artères, de petits pavillons aux trois couleurs bulgares, accrochés dans les arbres ou réunis en banderoles au-dessus du chemin, donnent un air de fête à la modeste cité. Pas de galop effréné d'estafettes, pas de patrouilles, pas de roulements de caissons sur les pavés pointus. N'étaient les correspondants avec leurs brassards rouges et leurs tenues guerrières envahissant le bureau de censure et le bureau de poste où les

employés voient avec affolement des centaines et
des milliers de mots se tendre vers leurs pauvres
trois appareils Morse, on ne se douterait pas qu'il
se passe ici quelque chose.

Ce qui se passe d'ailleurs est en dehors de notre
connaissance. On nous communique avec un
retard de vingt-quatre, quand ce n'est pas de quarante-huit heures, un bulletin officiel, fécond sur
des escarmouches minuscules et muet sur les
mouvements importants, comme par exemple les
opérations d'Andrinople et de Kirk-Kilissé. Si par
des informations personnelles nous parvenons à
soulever un coin du voile, la censure nous fait
regretter de nous être donné quelque peine, car le
crayon bleu supprime le résultat de nos recherches.
Nous ne devons ni nous en étonner ni nous en
plaindre : les Bulgares ne font pas la guerre pour
fournir aux journaux étrangers une émouvante
matière à reportage, ils livrent le suprême combat
pour leur existence nationale.

On est cependant curieux, et à juste titre, de
connaître les progrès de la campagne et les grandes
lignes de leur action. Il n'est possible sur ce sujet
que de se livrer à des conjectures basées sur des
renseignements incontrôlables.

Voici les deux versions principales qui circulent à l'heure actuelle :

1° L'armée bulgare est divisée en trois groupes principaux :

a) Le premier, l'armée de l'est, qui forme l'aile gauche, a franchi la frontière du côté de Kaibilar au nord de Kirk-Kilissé, et a pour objectif la capture de cette place. A l'heure actuelle le siège serait mis devant ce point stratégique de la plus haute importance, car Kirk-Kilissé aux mains des Bulgares, c'est la route de Constantinople ouverte, c'est la pénétration bulgare à l'intérieur du triangle Kirk-Kilissé, Andrinople, Dimotika, la plus solide ligne de défense turque. Pour arriver à ce résultat, l'état-major bulgare aurait donné à l'armée de l'est une force exceptionnelle, dégarnissant à son profit l'armée du centre.

b) Celle-ci opère directement sur Andrinople. Elle s'est avancée jusqu'à la première ligne des forts de cette citadelle et doit occuper le corps d'armée d'Andrinople jusqu'à ce que l'armée de l'est ait enlevé Kirk-Kilissé, c'est-à-dire jusqu'à ce qu'il soit trop tard pour le corps d'Andrinople de se porter au secours de son aile droite à Kirk-Kilissé.

c) L'armée de l'ouest, éparpillée sur toute la

frontière du Rhodope, de Philippopoli à Kusten-
dil, a pour mission de défendre cette frontière et
d'empêcher toute velléité d'offensive turque.

Pendant qu'une partie de l'armée de l'ouest, pour
remplir cette tâche, repousse vers le sud les petites
garnisons turques de la montagne et chasse l'ennemi, village par village, en occupant simultané-
ment les cours supérieurs de la Bregalnitza, de la
Struma et de la Nasta, le gros de cette armée coo-
pérant avec les forces serbes a pour objectif d'im-
mobiliser les forces turques d'Uskub et de Salonique
et de les empêcher de venir se joindre au corps
d'armée d'Andrinople.

Cela est la première hypothèse. Voici maintenant la seconde.

2° L'armée bulgare est divisée en trois groupes :

a) L'armée de l'est, comme dans la première
hypothèse, a pour objectif Kirk-Kilissé, mais cette
armée n'aurait pas des effectifs formidables. Ce
ne serait pas là que se jouerait la grosse partie.

b) L'armée du centre au contraire, la plus puissante des trois, s'avancerait sur Andrinople en
déployant ses effectifs depuis la trouée de Mustapha-
Pacha jusqu'au delà de Philippopoli. Les combats
qui ont eu lieu dans le Rhodope, l'occupation des

hautes vallées de la montagne seraient l'œuvre de l'armée du centre et non de l'armée de l'ouest. Ces combats ne rentreraient point dans un plan défensif, mais prépareraient le chemin de toute l'armée du centre qui, finalement déployée au sud-ouest d'Andrinople, livrerait le combat décisif sur la Maritza, autour de Dimotika.

c) La troisième armée bulgare, laissant à l'armée serbe le soin de s'occuper des corps d'armée d'Uskub et de Salonique, viendrait, en traversant toute la Macédoine, renforcer l'armée du centre bulgare.

En résumé, dans la première hypothèse, le grand combat aurait lieu au sud-est, sur l'Ergène ; dans la seconde hypothèse, au sud-ouest d'Andrinople, sur la Maritza.

Voilà le résultat du *kriegspiel* auquel nous nous livrons depuis quelques jours, n'ayant rien d'autre à faire pour le moment. Et ce sera naturellement une troisième solution, imprévue, qui sera la vraie[1].

---

1. Cette lettre eut quelque peine à trouver grâce devant la censure et je fus soumis à un interrogatoire, d'ailleurs aimable, sur mes sources d'informations et les raisons de mes diverses hypothèses. Ma phrase finale détruisant tout l'échafaudage, au reste bien innocent, de mes aperçus (?) stratégiques décida d'une autorisation de transmission qu'on paraissait vouloir me refuser.

Stara-Zagora, 24 octobre (Quartier général).

J'ai vu ce matin M. Stanciof, le distingué ministre de Bulgarie à Paris, qui n'a pu résister, comme tout patriote bulgare, au désir de venir prendre les armes. Lieutenant d'un régiment de la garde, c'est en uniforme qu'il me reçoit au premier étage de la maison de M. Anastas Anghelof, un notable commerçant qui a pignon sur la rue Ferdinand-Ier. Ici, comme chez M. Dimitri Baïef, qui m'offre la plus somptueusement imprévue des hospitalités, les pièces ont toutes leurs portes grand ouvertes, comme pour faire étalage de l'ordre et de la propreté qui y règnent. La Hollande peut être jalouse de la Bulgarie! On aime ici les couleurs vives, les lourdes broderies... et les photographies familiales. Chez tous mes camarades dont j'ai visité les logements plus ou moins réquisitionnés, les tables, les guéridons, les murs sont surchargés de portraits : jeunes filles aux tailles courtes et bombées, jeunes hommes aux moustaches triomphantes, vieilles dames aux atours encore campagnards et surtout beaucoup de soldats et d'officiers. Est-ce l'attrait de la photographie, du portrait? Est-ce le sens de la famille? Je croirais

volontiers aux deux. Il y a chez ce peuple, tardi-
vement émancipé, beaucoup encore de la dignité
orientale en ce qui concerne la femme et la famille.
L'irrespect occidental n'a pas encore fait ses
ravages.

Parmi les photographies qui ornent les consoles
de M. Anastas Anghelof, j'en remarque une du roi
Ferdinand, signée et datée 1889. M. Stanciof me
dit : « Le roi a habité ici à cette époque-là, et la
princesse Marie-Louise y est également venue.
D'ailleurs Sa Majesté était encore hier soir dans ce
salon. Elle était dans ce fauteuil (un fauteuil-ban-
quette canné, avec une grande broderie blanche
représentant des grappes de raisin sur un fond
rose, posée sur le dossier). Le roi a fait de ce
salon une sorte de quartier général. C'est là qu'il
vient causer avec le général en chef Savof, avec le
président de la Chambre, M. Danef, qui représente
le pouvoir civil auprès de l'état-major général, avec
tous ceux qui ont la responsabilité des opérations.
La nuit, il couche dans son train, en gare de
Stara-Zagora, pour être prêt à se rendre immédiatement sur tel ou tel point de la frontière où ses
armées combattent avec une admirable énergie.
La cause que nous défendons est une grande et

juste cause, et le Dieu des batailles paraît de cet avis ! »

Je ne pouvais demander à M. Stanciof des précisions. Le mot d'ordre est général : pas d'indiscrétions sur les opérations militaires jusqu'au moment du choc décisif. Mais il y a des regards qui ne trompent pas. Si l'armée bulgare n'avançait pas avec succès, tout le monde, parmi ceux qui sont dans le secret, n'aurait pas ce sourire heureux. On m'a dit que Kirk-Kilissé était pris et qu'on l'annoncerait tout à l'heure. Il faut que tout marche bien pour que le roi Ferdinand lui-même, qui jusqu'ici était demeuré invisible, soit sorti aujourd'hui dans les rues de Stara-Zagora, faisant arrêter son automobile pour se promener avec ses deux fils, Boris et Cyrille, dans le jardin public, se tournant aimablement vers les reporters photographes, relevant légèrement sa casquette pour mieux laisser voir son visage aux traits spirituels et énergiques qu'une vive satisfaction illumine. Et c'est cette même expression d'anxiété disparue que je note chez M. Dobrovitz, le chef du cabinet secret du roi ; chez M. Tchaprachikof, son secrétaire particulier, qui tous deux sont rayonnants. Les nouvelles doivent être bonnes. Celles que l'on nous

communique quotidiennement vers deux heures de
l'après-midi sur les opérations de la veille le sont
aussi. Il n'y est question que de villages turcs pris,
de canons turcs et de caissons capturés, de soldats
turcs faits prisonniers, d'une marche générale en
avant des Bulgares, qui n'ont jamais que des pertes
insignifiantes. C'est presque trop beau, surtout
étant donné, comme je vous l'ai télégraphié, que la
témérité enthousiaste des Bulgares est extrême et
qu'ils se lancent à la baïonnette sans attendre que
leurs batteries aient eu le temps de déblayer le terrain avant la charge. Ces bulletins de victoire ne
sauraient d'ailleurs être différents. Dans toutes les
armées du monde, les bulletins officiels disent toujours que l'ennemi a eu des centaines de morts et
de blessés, et que dans ses propres lignes on a très
peu de pertes à déplorer. C'est humain. Il faut
maintenir le moral de la population et des troupes,
entretenir l'illusion de l'invulnérabilité, illusion
féconde en héroïsmes.

Le problème des victoires bulgares est bien expli-
cable, d'abord psychologiquement. L'armée turque
est, de par le nouveau régime, une réunion
d'hommes de nationalités et de religions différentes,
une invraisemblable « salade » où figurent, côte à

côte avec les « croyants », des gens de race bulgare, serbe, arménienne, grecque, qu'aucun idéal
national ottoman ne transporte et n'unit. Tous ces
pauvres diables chrétiens, qui ont eu des membres
de leur famille victimes du joug turc en Macédoine ou en Arménie, n'ont certainement aucune
envie de se faire massacrer pour maintenir des
valis et des caïmakans d'Andrinople à Uskub.
Aussi bon nombre d'entre eux, au combat qui eut
lieu mardi dernier 22 à Jourousch, petit village sur
la Maritza, à 8 kilomètres d'Andrinople, jetèrent
purement et simplement leur armes et se précipi-
tèrent vers les Bulgares en levant les mains et en
criant : « Amis ! Nous sommes Bulgares ! » J'ai vu
un certain nombre de ces prisonniers qu'on a amenés ici dans un premier convoi de 342 hommes et
deux officiers. Ceux qui sont chrétiens font les
délices de la chambrée. Civils et militaires, accrou-
pis en rond, font cercle autour de l'un d'eux qui
raconte la bataille avec force gestes en expliquant
que les officiers turcs furent les premiers à se sauver. (Il est vrai qu'avec de pareilles troupes !...)
Les autres ont l'air complètement hébétés et ne
répondent que par monosyllabes. Quant aux soldats
turcs musulmans, ils forment, dans une grande

prairie, derrière la caserne, des groupes d'individus passifs, engoncés dans leur capote, assis sur les talons, roulant des cigarettes et nullement gênés par les curieux qui les entourent.

Ils prennent leur sort avec la plus douce des philosophies. Comment en serait-il autrement ? Le 30 septembre dernier, on les a tirés de leurs villages et on leur a donné une capote neuve de gros drap gris, un fusil et un fez de drap beige, et puis on les a traînés au nord d'Andrinople. Le 22 octobre, ils ont pour la première fois entendu le canon, et le soir même ils étaient prisonniers. Maintenant ils sont tranquilles ici ; on les nourrit bien, alors que de leur propre aveu ils n'avaient qu'un kilo et demi de pain par jour pour dix ; ils ont des cigarettes et du café et dans quelques jours on leur fera gagner un peu d'argent en les employant à des travaux de voirie ou de chemins de fer stratégiques. Ils n'en demandent pas davantage. Beaucoup d'entre eux ont dépassé la quarantaine et n'ont plus les fureurs guerrières de la jeunesse.

Il y a d'ailleurs une indéniable différence de mentalité entre les assaillants qui jusqu'au dernier, jusqu'au plus infime petit soldat, savent pourquoi ils se battent, alors que dans les rangs de l'armée

turque l'ignorance sur le pourquoi de cette guerre
doit être générale. D'ailleurs des proclamations en
langue turque ont été répandues par les soins de
l'Organisation macédonienne bulgare, sur l'ordre
du gouvernement de Sofia, pour rassurer les populations. C'est une guerre de délivrance et non une
ruée sanguinaire. Ces divers états d'exprit expli-
quent déjà le désarroi dont les premiers combats
ont témoigné du côté turc.

Cette impression s'est confirmée pour moi quand
ce matin, avant de rendre visite à M. Stanciof,
j'assistais dans la grande salle du mess des officiers à l'interview, par une douzaine de confrères
autrichiens et anglais, de deux officiers turcs capturés : le capitaine Osman Noury et le premier
lieutenant Hussein Muheddin. La scène aurait pu
être impressionnante, car ces deux soldats, assis
à une grande table où on leur avait servi un déjeuner matinal, étaient adossés au petit théâtre dont
le rideau représentait, grossièrement peint, un épi-
sode illustre de la guerre russo-turque : la défense
de l'étendard offert par la ville de Samara aux
volontaires bulgares. Le peintre avait représenté
des Turcs farouches, bondissant comme des lions
pour ravir le vert étendard. Cet immense tableau,

qu'ils avaient certainement dû voir en entrant, était
de nature à assombrir les prisonniers, à les plon-
ger dans un mutisme farouche. C'était le contraire. Ils se faisaient présenter les nouveaux arri-
vants, offraient des cigarettes (de celles dont les
Bulgares leur avaient fait présent et qui sont dans
des boîtes aux trois couleurs, rouge, vert et blanc,
de la Bulgarie) et racontaient en souriant l'engagement de Jourousch, paraissant très flattés des
honneurs de l'interview.

Cette absence de conviction, ou tout au moins
cette passivité fataliste, doit être la raison première
de la défaite.

Stara-Zagora, 26 octobre.

La Bulgarie demeure confiante dans le succès de
ses armes, et la prise à la baïonnette du point fortifié
de Kirk-Kilissé a provoqué un grand enthousiasme.

La Bulgarie est décidée à poursuivre la guerre à
outrance et elle vient d'appeler sous les drapeaux
les contingents de 1912 et de 1913, soit
80,000 hommes qui, immédiatement équipés, seront
encadrés dans les formations de réserve et prêts
dans de courts délais à partir pour le front. Les
formations d'artillerie nécessaires à ces nouvelles

troupes sont prêtes. On peut dire que le pays tout entier est actuellement sur le pied de guerre. La nation et l'armée ne sont plus qu'une seule et même chose.

Le roi, qui est en parfaite santé, travaille toute la journée avec ses deux collaborateurs, le général en chef Savof et le chef d'état-major général Fitchef. Il s'est rendu hier à Mustapha-Pacha et a conféré sur le terrain avec les chefs des centres militaires où il a passé. Il a causé également avec les blessés et les prisonniers qui avouent que le commandement bulgare « Na noje! » c'est-à-dire « A la baïonnette! » les épouvante. Ils racontent que les officiers turcs mettent au premier rang les soldats chrétiens.

CHAPITRE VII

VERS LE THÉATRE DE LA GUERRE

Stara-Zagora. — Tirnovo-Seymen. — Mustapha-Pacha.

Tirnovo-Seymen, 27 octobre.

Depuis avant-hier, 25 octobre, j'avais en poche la fameuse lettre blanche que M. Stanciof m'avait remise. Elle disait que son détenteur était autorisé à se rendre là où il lui plairait, tout en remplissant, naturellement, les formalités exigées : se présenter à l'état-major de chaque armée, indiquer son itinéraire, soumettre à la censure lettres et télégrammes. C'est à six heures du soir que M. Stanciof nous avait, à Segonzac et à moi, donné nos lettres blanches en nous priant de remettre les leurs à Naudeau, à Vallier, au lieutenant Antoinat, au capitaine Bernard, à notre ami Stanhope du *New York Herald*, en un mot, à la petite bande que nous avions instinctivement formée.

Ce même soir, 25 octobre, je faisais mes adieux
à mon hôte. Il était en effet question d'un train
pour le lendemain 4 heures de l'après-midi. Le 26,
les conjurés, c'est-à-dire les rares détenteurs de la
lettre blanche, se dirigeaient vers la gare. Vain
espoir ! Il n'y avait pas de train. Force fut de
revenir dîner au *Lion d'Or* où le repas fut assai-
sonné d'amertume. « Ce n'est pas la peine d'avoir
la lettre blanche, du moment que les moyens de
communication n'existent pas ! » On discuta la
question de partir par la route, à cheval. Mais nos
bagages ? Segonzac et moi, nous avions bien fait
l'acquisition d'une charrette. Mais combien de
temps nous faudrait-il pour arriver à Mustapha-
Pacha si nous devions escorter le véhicule ? Et si
soudain il y avait un train ? Et si ce train nous
dépassait ? Tous les correspondants seraient à
Mustapha et nous serions encore sur les routes
de Bulgarie !

Au *Lion d'Or*, nous fûmes regardés avec un certain étonnement et une certaine satisfaction par
des non-conjurés auxquels le bruit de notre départ
avait été rapporté, on ne sait comment. Notre ami,
le censeur Radef, consulté sur l'éventualité du
départ, nous déclara : « Je crois qu'il y aura un

train demain matin vers huit heures, mais je n'en ai pas la certitude ! » Nouveau conseil de guerre. Naudeau et Segonzac ont perdu toute foi et tout espoir : « A quoi bon se lever à une heure indue ? Il n'y aura pas plus de train demain qu'aujourd'hui. Tout cela, c'est de la blague, on nous berne avec de bonnes paroles, on veut nous garder ici. »

On discute dans la rue. Soudain, quelqu'un fait remarquer à l'horizon des lueurs intermittentes. C'est dans la direction du sud. « C'est un orage dans le Rhodope », dit quelqu'un. « Mais non, réplique un autre, d'abord il n'y a aucun bruit de tonnerre et, d'autre part, les lueurs sont toujours au même endroit. » Alors, une partie de la bande décide de gravir la colline derrière la ville pour mieux voir. Nous restons là, Vallier et moi, au milieu de la rue en pente. C'est évidemment dans la direction d'Andrinople. Ce sont les lueurs d'un bombardement, et vite, avant que la censure ferme, on fait viser un télégramme.

Et puis, c'est au coin du jardin public, après la visite à la poste, où dans la chaleur lourde des lampes trois employés comptent les mots et font manœuvrer lentement le Morse vétuste, le bonsoir et la question désabusée : « Vous viendrez demain matin à la gare ? » Vallier a été impressionné par le pessimisme de Naudeau et de Segonzac. D'ailleurs, si Naudeau dort, Vallier peut dormir aussi ! Du moment que le *Journal* sommeille, le *Matin* peut faire la grasse matinée ! Je réintègre ma demeure, un peu honteux, car il est toujours honteux d'avoir fait ses adieux et de revenir comme quelqu'un qui a manqué son train. D'ailleurs, je n'ai plus de bagages. Ils sont à la gare, en dépôt. Et je m'endors, à demi habillé.

Quand je me réveille, il est 7 heures et demie. Juste ciel ! Si, vraiment, il y a un train à 8 heures, comme l'a dit hier Siméon Radef, je vais le manquer ! J'avais pourtant dit à Metchkarof de venir à 6 heures et demie ! Et je m'habille en hâte, fiévreusement, mais sans espoir. Si Naudeau, qui paraissait tant friand de sommeil, si Vallier, si les autres se sont pourtant levés à l'aube et ont pu prendre le train, je suis déshonoré ! Et je cours vers la gare, portant dans un bras deux bouteilles de vin, spécimen des productions de mon hôte, et dans l'autre, un bouquet de fleurs qu'il m'a donné à la mode bulgare. En route, je rencontre Metchkarof qui venait me réveiller. « Il est bien temps ! — Mais si, on a le temps, le train n'est pas encore entièrement formé. » Je respire. A la gare, je retrouve Stanhope, Antoinat, Bernard et le photographe Branger, qui n'a pas la lettre blanche, mais qui, avec la ténacité admirable des photographes, connaissant nos projets, est décidé à arriver coûte que coûte à la faveur de notre groupe, à « brûler » les autres faiseurs de clichés. Le train est en gare. C'est un train d'explosifs avec, au centre, un fourgon qui nous est destiné. Ah ! pourquoi les autres conjurés n'ont-ils pas eu la foi ? J'envoie en hâte prévenir Segonzac, car il est facilement mobilisable, ses bagages et ses chevaux étant dans le hangar d'une tuilerie près de la gare. Pour Naudeau, c'est impossible, car il demeure à l'autre bout de la ville. Quant à Vallier, je ne sais pas où il loge !

On accroche la locomotive. Segonzac arrivera-t-il à temps? Debout dans l'embrasure du fourgon, nous scrutons l'horizon, le long du jardin public dépouillé par l'automne, au travers des petites banderoles tricolores fanées par la pluie qui marquent l'humble voie triomphale suivie chaque jour par le roi depuis son train, qui est là sur une voie de garage, jusqu'au quartier général au centre de la ville. Je parlemente pour qu'on accroche un fourgon de plus pour ses chevaux et le mien. Mais le directeur de la traction, l'aimable M. Markof, ne saurait faire retarder plus longtemps le départ du convoi : « On vous enverra votre cheval demain avec ceux du marquis de Segonzac. J'y veillerai moi-même. »

Un coup de sifflet de la locomotive, quelques violentes secousses, et nous sommes partis, vers Mustapha-Pacha, vers la guerre !

Cette première étape devait être dure, mais une telle joie d'être les seuls à avoir pu partir, une telle fièvre d'être bientôt dans la bataille nous grisent que le peu de confort qui nous est donné nous semble la plus merveilleuse chose du monde. Nous sommes comme des émigrants, assis sur nos sacs, sur nos caisses, cherchant des attitudes supportables. Stanhope est le boute-en-train de notre compagnie. Ce vieux voyageur a toutes les joies dans ses cantines. Il en sort des bouteilles de Fernet-Branca, du cacao qu'il fait chauffer sur le petit poêle du poste de vigie, et sa gaieté est si communicative que les Bulgares qui nous accompagnent, fonctionnaires des chemins de fer qui ne comprennent pas le français, rient pourtant de tout leur cœur.

Dans un coin, il y a mon bouquet. J'en distribue les fleurs pour être ainsi un peu Bulgare, et nous sommes bientôt parés d'immenses chrysanthèmes comme au soir d'une fête. La journée se passe lentement avec d'interminables arrêts dans des gares minuscules où les femmes et les vieillards viennent nous souhaiter bon voyage. Ce sont les seuls êtres humains qui soient restés dans les villages. Il n'y a sur le visage de ces pauvres gens aucun signe d'émotion, mais une sorte d'acceptation héroïque du sort. La déclaration de guerre est sans doute trop récente. Il n'y a pas eu de grande bataille. Aucune mère n'a pu encore s'inquiéter du sort de . son fils.

D'ailleurs, cette guerre a provoqué un tel enthousiasme, une telle unanimité de sentiments que cet égoïsme maternel n'a pu se faire jour. Et je songe, en passant dans ces petites gares de campagne, aux trains qui, bientôt, vont revenir, encombrés de blessés.

Il est six heures du soir quand nous arrivons à Tirnovo-Seymen. Notre train s'arrête derrière un autre train en deçà du pont de la Maritza. C'est un train débordant de réservistes qui reçoivent leur boule de pain au moment où, pour ne pas attendre indéfiniment que ce convoi ait libéré la route, nous nous engageons à pied sur le ballast vers la gare. Il y a trois kilomètres à faire. La nuit tombe. Comme nous franchissons le grand pont métallique, un spectacle impressionnant nous arrête. Dans le crépuscule, au-dessus des îlots de la large rivière boueuse, un immense vol de milliers de corbeaux s'étendait et se repliait comme une gigantesque écharpe de deuil. En même temps, du train que nous avions dépassé, un formidable « hourra » s'éleva dans le soir. Les lanternes de la locomotive apparurent, petite lumière grandissante, au détour de la tranchée.

Le train s'était mis en marche, conduisant ces hommes à la guerre, et ils criaient : « Hourra ! » C'était d'une émouvante beauté et immensément poignante !

La gare de Tirnovo-Seymen était encombrée. Convois venant du nord, convois venant de l'ouest retrouvaient là l'unique voie conduisant vers le sud. Avant que notre train pût entrer en gare, il fallait laisser passer toute une division avec son train de combat. Arrivés à six heures, nous repartirions peut-être à minuit, mais pas avant. Alors, nous entrons dans le buffet avec l'espoir d'un dîner

qui nous changerait des boîtes de sardines ouvertes
à midi dans notre fourgon. Ah! ce petit buffet
crasseux, avec son comptoir rustique derrière
lequel un vieil empoisonneur débonnaire débite du
vinaigre appelé vin blanc et des portions de viande
aux oignons qu'il faut manger sans les regarder,
comme il restera gravé dans mon souvenir ! Autour
de la grande table centrale, des officiers d'administration qui dégustent un café à la turque ; dans les
coins, de grandes banquettes rembourrées et
devant elles de petites tables couvertes de nappes
souillées de taches. Au mur, un papier à grandes
feuilles vertes piquées de fleurettes blanches ;
autour des fenêtres, des rideaux roses décolorés,
quelques affiches dont une représente un monsieur
et une dame trinquant au-dessus d'une bouteille de
vin blanc mousseux bulgare.

Mais il fait chaud, la fumée des pipes et des
cigarettes crée une ambiance. Cette petite pièce
lamentable a la vertu des asiles. On ne se sent pas
seul dans la nuit. Notre arrivée a causé quelque
émoi. Les Bulgares sont, d'instinct, soupçonneux.
Qui sont ces voyageurs en civil ? Un officier qui
parle français vient à nous. Après les présentations,
il se fait connaître. C'est M. Kristiou Popkristef,

député au Sobranié, qui est chargé de l'achemine-
ment des trains de ravitaillement. Il a le souci de
mille wagons et il nous donne des détails sur son
service. Mais de la table centrale quelqu'un l'inter-
pelle en bulgare. On doit trouver qu'il cause trop
avec ces étrangers, et bientôt il nous quitte. Il est
huit heures. Je vais au télégraphe, une petite maison silencieuse, à proximité de la gare, lancer une
dépêche, histoire de donner de mes nouvelles. Et
puis, c'est de nouveau, dans le buffet, la longue
mais patiente attente. Resterons-nous là à regarder
passer toute la division de réserve, avec ses canons
dont la gueule s'élève au-dessus des trucs, gardés
par des hommes enroulés dans leur grande touloupe isabelle ? Antoinat est d'avis qu'il faut rega-
gner notre fourgon, nous y coucher. Il parlemente
avec le commandant de la gare. On doit justement
envoyer un wagon sur la voie du nord, dans la
direction de notre train. Nous y grimpons. C'est
d'ailleurs le seul moyen de rejoindre notre fourgon, car les hommes qui gardent le pont nous
auraient peut-être fusillés si nous avions voulu le
franchir dans la nuit, et notre ignorance de la
langue bulgare aurait pu nous être fatale.

Dans le fourgon, c'est le campement bohémien.

On s'étend sur le plancher en essayant de dormir, mais il y a des ronfleurs et un pauvre diable d'employé bulgare qui souffre de l'asthme ou d'une affection du larynx et qui tousse à fendre l'âme. Vers minuit, le train s'ébranle, et puis je crois que je me suis tout de même endormi.

Mustapha-Pacha, 28 octobre.

J'avais l'instinctif espoir qu'à mon réveil, nous serions en gare de Mustapha-Pacha ? Cet espoir est déçu. Il est sept heures du matin et nous sommes encore dans une gare distante d'une quinzaine de kilomètres. Il y a tant de trains devant nous qu'on ne peut avancer. Il faut rendre cette justice à l'excellent M. Franghia, ministre des chemins de fer, que le service qu'il a dirigé pendant cette guerre mérite les éloges que l'on doit à un tour de force. La Bulgarie avec son modeste réseau à voie unique ne pouvait que lentement réaliser sa mobilisation, sa concentration, l'apport des troupes à la frontière. Tout a pourtant fonctionné avec une régularité d'horlogerie. J'ai, *de visu*, constaté la promptitude avec laquelle les trains étaient acheminés. Aux gares de croisement, moins de cinq minutes s'écoulaient pour lancer les trains vides

retournant vers l'arrière sur la voie momentané-
ment libre, et dans le délai minimum, les trains
d'hommes et de munitions s'engageaient à leur
tour. Quant aux quais d'embarquement, on les
avait partout improvisés de la plus judicieuse
façon. On avait simplement utilisé les traverses de
réserve réunies par des rails et entre-croisées. Cet
échafaudage de fortune supportait des charges
lourdes et avait l'avantage de pouvoir être installé
dans un temps très court. On réalisait la pente en
diminuant simplement de huit à une le nombre des
traverses disposées en escalier en couvrant le tout
de planches épaisses. A cette petite station il nous
faut attendre une heure et demie. Stanhope décou-
vre une auberge où l'on vend des œufs durs et du
vin rouge, et un réserviste obtient le plus vif succès en utilisant un vieux bidon de pétrole de Bakou
comme instrument de musique. Il colle ses lèvres
sur le fer-blanc, met une chaînette sur le dessus du
bidon, tape avec ses doigts sur la paroi et obtient
ainsi un effet de flûte, de cornet à pistons et de gra-
mophone assez inattendu. En notre honneur, il
essaye une *Marseillaise* qui n'est peut-être pas
tout à fait la version classique de notre hymne
national ; mais c'est joué de si bon cœur et salué par

ant de bravos des nombreux assistants que nous
remercions avec émotion et que nous serrons cor-
dialement la main de l'homme-orchestre.

Pauvre diable! où sera-t-il bientôt avec son
bidon de pétrole de Bakou ? Dans quelle tranchée
devant Andrinople fera-t-il jouer ses doigts engour-
dis sur la paroi souple de fer-blanc pour réconfor-
er ses camarades ?

Tous ces hommes qui font les cent pas devant
eur train, arrêté sur une voie de garage, ont près
le la quarantaine ou l'ont peut-être dépassée. Ils
sont souriants, joyeux. On ne croirait pas que le
langer du combat les attend, si proche !

Notre train d'explosifs ne partira pas de sitôt;
mais pour notre chance, le nouveau préfet des
pays conquis, M. Brichianof, député au Sobranié,
qui se trouve depuis Tirnovo-Seymen, je crois,
avec nous, est attendu à Mustapha-Pacha. On
décroche un wagon de troisième classe du train
des réservistes, on l'attelle seul à une locomotive
avec notre fourgon et nous voilà enfin partis !
Encore un arrêt, avant la frontière, à la gare de
riage de Ljubimec. Il y a à contre-voie un train
transportant des canons de siège et de petits
canons tout neufs dans leur tourelle d'acier, sortes

de minuscules forteresses portatives que des chevaux peuvent traîner et qui ressemblent à ces
voitures-réclame d'eau dentifrice que l'on voit par-
fois traverser le boulevard.

Malgré ces instruments de guerre, malgré ces
trains de soldats, l'idée « guerre » n'est pas encore
entrée dans mon cerveau, Je ne réalise toujours
pas. Cela me semble une excursion intéressante,
dépourvue de tout confort comme les ascensions
alpestres où l'on dort dans une hutte du C. A. F.
pour se lever avant l'aurore que l'on contemplera
de la cime conquise. Mais le sens de la réalité me
fait défaut. Il est vrai que nous sommes encore
loin derrière l'armée; mais pourtant, depuis près
d'un mois que je suis en Bulgarie, rien n'a donné
une forme concrète à mes idées préconçues sur
l'état de guerre. Mon enseignement livresque
m'avait, c'est évident, surtout fait connaître les
émotions latines. Ces peuples jougo-slaves ont une
mentalité, une réceptivité différentes. Ils ne vibrent
que lentement et ne manifestent pas extérieure-
ment.

Nous arrivons enfin à Mustapha-Pacha, ou du
moins à quelques centaines de mètres de la gare,
qui elle-même est éloignée de trois à quatre kilo-

mètres de la bourgade. Nos bagages s'amoncellent par terre et nous attendons. Je confie la garde de ma cantine à mes camarades et cours à la gare pour tenter de lancer un télégramme. En effet, un biplan Voisin s'est élevé volant, vers Andrinople. C'est un mince détail, mais ce sera le premier télégramme venant de Mustapha-Pacha. Il est dix heures du matin ; avec les deux heures de différence, le *Temps* peut encore recevoir ma dépêche pour le numéro du jour même. Mince succès, succès tout de même. Tout cet espoir s'effondre vite. Le bureau de télégraphe de la gare est réservé à l'autorité militaire. J'ai beau montrer la carte blanche, la carte rouge, mon passeport diplomatique bulgare, rien n'y fait. « Si vous voulez télégraphier, il faut aller en ville. »

Comme je me débats, mes camarades me rejoignent, suivis d'un char à bœufs sur lequel nos bagages ont été chargés et nous nous mettons en route vers Mustapha-Pacha. Nous n'avons pas fait cent mètres qu'un officier nous demande nos papiers puis, satisfait, nous laisse repartir. Il fait un temps radieux. La chaussée, de la gare à la bourgade, est spacieuse et bien entretenue. Nous marchons à grands pas, émerveillés de cet été de

la Saint-Martin, heureux de vivre, épanouis. Pour
entrer dans Mustapha-Pacha, il faut franchir le
pont de la Maritza, un vieux pont pittoresque de
pierre que les Turcs ont essayé de faire sauter au
moment de l'arrivée des Bulgares. Ils n'ont réussi
qu'à endommager faiblement une des travées qui
a été immédiatement réparée. Des planches rem-
placent un mètre cinquante de parapet démoli et
recouvrent la modeste brèche. A l'entrée du pont,
une grande banderole de fête : « Salut à Ferdinand Ier ! » A peine le pont franchi, c'est le premier contact avec la boue dans laquelle force est
de patauger, car les trottoirs sont impraticables.

Je n'ai toujours qu'un souci, ma dépêche, et
laissant mes camarades s'occuper du logement, je
cherche le bureau de censure de l'état-major du
général Ivanof. C'est au premier étage de l'ancien
palais (?) de la préfecture. Une petite pièce d'angle
inondée de lumière, avec, sur des tables, d'excellents calques des positions bulgares devant Andrinople qu'on oublie de replier à mon entrée. Les
censeurs, pour l'instant, font de la tactique. Les
mots *Biplan Voisin* les effarouchent, on n'a pas le
droit de révéler aux Turcs que leur ennemi a des
aéroplanes. Celui que j'ai vu ne faisait que des

essais. Je m'étonne un peu dans mon for intérieur, car un aéroplane, même quand il ne fait que des essais, est une des choses les plus manifestement visibles qui soient, mais puisque c'est la consigne !... Et le visa obtenu je cours au télégraphe en offrant ma reconnaissance éternelle à l'employé qui va mettre cette dépêche sur le fil. Il est midi. J'ai six heures avant la descente des formes du *Temps*. « Cher employé ! Ne compte pas de nouveau les mots, il y en a 109, je les ai comptés ! Taxe-moi pour 110, pour 120 si tu veux, mais envoie d'abord ma dépêche ! Oui, triple taxe, c'est-à-dire la priorité sur tout le reste. Tu me montres ce tas de dépêches que tu as à expédier. C'est exact. Mais le mien est à triple taxe, triple taxe ! Les autres sont sans intérêt, ce ne sont pas des dépêches de presse, ce sont des ordres de service. Songe que j'ai voyagé vingt-six heures dans un fourgon pour être ici le premier. Les camarades sont sur mes talons. Leur train est peut-être arrivé en gare à l'heure actuelle. Ils seront ici dans un moment. Je t'en supplie, cher employé, envoie ma dépêche tout de suite. Il y va de ma réputation. Mon journal n'est déjà pas content de moi parce que je ne l'ai pas abreuvé de fausses nouvelles à sensation comme les correspondants du voisin. Si je rate cette petite supériorité d'avoir été le premier à expédier ce télégramme de Mustapha-Pacha, je suis déshonoré. Oui, cher employé, la censure l'a visé, son cachet est là, et le capitaine de la censure a ajouté sa propre signature après la mienne pour que je ne sois pas tenté d'ajouter un mot pendant le trajet entre son bureau et celui du télégraphe ! Il y en a bien 109, je te l'avais dit ! » Et je ne quitte le bureau, après cette conversation-monologue tenue tantôt par gestes, tantôt en petit nègre et surtout en grimaces désolées, que lorsque j'ai vu mon feuillet tendu à l'opérateur du Morse.

Je souffle un instant. Notre char à bœufs est arrêté au coin de la rue. Deux de mes camarades sont partis à la recherche d'un logement. Il n'y a qu'à attendre le résultat de leur enquête. Je m'assieds sur les marches de l'hôtel de ville et je me distrais en étudiant la carte d'Andrinople. Comme je lève le nez, j'aperçois au bout de la rue des visages de connaissance. Je ne me trompe pas ! Ce sont tous les correspondants, les autres, que j'avais laissés à Stara-Zagora, qui arrivent. « Tu vois bien, cher employé, que j'avais raison d'être inquiet. » J'interroge le premier et j'apprends qu'ils sont partis le matin même dans un excellent train avec compartiments de premières et n'ont mis que quatre heures pour faire le trajet! Enfin, si mon télégramme arrive pour la Dernière heure du *Temps* je ne regretterai pas la nuit si sensible à mes reins, sur le plancher du fourgon.

J'aperçois Segonzac, mon compagnon d'écurie. « Vous avez mon cheval? — Non. Mais il y a d'autres chevaux que je ne connais pas qu'on a également embarqués ce matin. » Angoisse et espoir, fils d'un optimisme persistant. Enquête. Découverte de mon cheval amené avec celui de Naudeau. Joie. Que sont devenus les camarades partis à la recherche d'un logement? Nous finissons par les retrouver au cercle militaire. Ayant rencontré un officier bulgare, ancien élève de l'École de guerre française, qui les a immédiatement conviés à déjeuner, ils ont abandonné leur mission. Sans la faim qui nous a également attirés vers le cercle militaire, nous risquions fort de rester éternellement en faction auprès de la charrette aux bagages.

Après le déjeuner, d'ailleurs excellent, les officiers bulgares nous invitent à nous reposer à la mairie pendant qu'ils s'occuperont avec des notables de nous trouver un gîte convenable.

Et je transcris le télégramme que j'écris cette fois sans fièvre ni hâte, pour le *Temps* du lendemain :

Mustapha-Pacha, 28 octobre.

C'est du salon de l'ancien maire de Mustapha-Pacha que je vous télégraphie, tandis qu'un nouveau régiment arrive en chantant. Tous les mouvements se font automatiquement, avec une régularité parfaite ; les ponts militaires ont été posés avec une grande rapidité sur l'Arda et la Maritza, et la concentration s'est faite de même autour d'Andrinople avec la tranquillité d'une simple manœuvre.

Les troupes bulgares ont été surprises elles-mêmes de l'absence de résistance des Turcs. Il est vrai qu'elles ont été servies par l'insouciance et l'incurie de l'ennemi. Tout à l'heure, comme je déjeunais au cercle militaire installé dans l'ancien cercle militaire turc où tout avait été laissé intact, y compris une excellente cave, un capitaine bulgare, ancien Saint-Cyrien, me racontait que pendant les trois premiers jours de la guerre les Turcs avaient oublié de couper le téléphone avec Mustapha et continuaient de téléphoner à Kadikeuï *viâ* Mustapha, si bien qu'on écoutait toujours leurs conversations et leurs ordres en répondant même de temps à autre : « Entendu. » Dans un village voisin, on a vu arriver vendredi soir, huit jours après la déclaration de guerre, un officier d'administration turc qui, tranquillement, venait organiser un dépôt. Il fut tout surpris de trouver les troupes bulgares installées. Tout, du côté turc, serait à l'avenant.

Ce télégramme-là, je l'apporte bien tranquille-

ment au bureau de la censure et je ne fais point
pour lui les frais de la triple taxe. Il aura toute la
soirée, toute la nuit et toute la matinée du lendemain pour gagner Paris, *via* Budapest. Ce que
j'ai prévu est arrivé. Les quatre-vingt-dix correspondants se sont mis dès leur arrivée sur le télégraphe; on est débordé, et j'apprends que l'on va
prendre une mesure radicale : tout expédier par
la poste à Stara-Zagora, le bureau de Mustapha-
Pacha ne pouvant suffire à un tel travail. Cette
nouvelle m'est un renseignement et une leçon. Il
est dès maintenant évident que cette guerre ne permettra, du côté bulgare tout au moins, aucun
exploit télégraphique. C'est, d'avance, une campagne nulle pour les journaux de grande information. D'ailleurs, il y a trop de correspondants. La
concurrence effrénée, étant donné qu'ils ont tous
les mêmes immenses ressources financières qui
leur permettent de dépenser sans compter, neutra-
lisera les efforts. Tout ce que l'on peut tenter est de
chercher des visions personnelles à côté. Y par-
viendrai-je ? Ne serai-je pas brûlé par tous ces confrères qui vont télégraphier à tour de bras n'importe quoi sans se soucier de sentir et d'écrire ? Je
ne peux pas lutter télégraphiquement puisque tout

doit passer par Stara-Zagora et que la censure de
Mustapha-Pacha fermant de bonne heure, je n'ai,
au point de vue des heures de publication, aucune
chance de battre les journaux du matin. Alors je
me résigne et j'envoie cette première lettre :

Mustapha-Pacha, 29 octobre.

L'armée a passé, les Turcs et les Juifs ont fui et
le vainqueur s'est installé. Ici, c'est l'ancienne préfecture devenue quartier général et des cartes
immenses des villes que l'on prendra demain rem-
placent sur les murs les versets coraniques. Voici
l'ancienne mairie d'où je vous télégraphiais. Le
salon du maire est resté intact avec les petites
tables à un pied pour les minuscules tasses de café
et les cendriers. Ce devait être un homme paisible,
aimant la société, les longues causeries indolentes
à l'orientale, car il y a beaucoup de petites tables
et un grand et moelleux tapis dans lequel s'enfoncent les pieds de vieux fauteuils Louis-Philippe.
Voici l'ancien club juif où l'on a logé une vingtaine
de journalistes. Des bissacs et des couvertures couvrent le billard et un groupe de Français dorment
dans la bibliothèque que décorent deux lamen-
tables portraits de généraux turcs et deux litho-

graphies du colonel Picquart et d'Alfred Dreyfus.

Je me suis installé avec le marquis de Segonzac dans la petite demeure d'un Turc où l'armée victorieuse, qui a fouillé avec conscience la maison après le départ de son propriétaire, a laissé sur le carreau des lambeaux de Coran, certains, même, joliment enluminés. Le petit jardin où restent encore quelques pieds de chrysanthèmes fauves a été saccagé. On a campé là et comme les nuits sont froides (— 2° ce matin), tout le bois qu'on a trouvé a alimenté les feux de bivouac. Nous avions cette nuit un tel bivouac sous nos fenêtres, dans la rue, et au travers des moucharabiehs, je voyais les canons des fusils posés sur notre charrette, les hommes déchaussés, tendant la plante de leurs pieds vers la flamme, et devisant, roulés dans leur *touloupe* de gros drap bleu et de peau de mouton. Des figures énergiques, farouches. Des hommes ayant passé la quarantaine, moitié soldats, moitié civils, engagés volontaires plus qu'enrôlés dans la réserve, car je l'ai dit et je le répète, c'est toute la nation qui fait la guerre.

A Paris, on ne se rend certainement pas compte. On doit voir cette guerre comme une guerre normale, avec des corps d'armée par-ci, des corps d'armée par-là, et faire de la stratégie normale en calculant les unités en présence, le nombre des batteries, la valeur des effectifs. Ce n'est pas cela du tout. Il y a bien une armée régulière, que je n'ai pas vue (ce n'est pas le passage d'un régiment ou d'une batterie dans les rues de Sofia qui permet de formuler une appréciation) et que personne ne peut voir en action, car l'affluence des journalistes a obligé l'état-major à un ostracisme général. Mais ce que j'ai vu depuis hier m'a fait une impression extraordinaire. Ce sont des milliers et des milliers d'hommes à peine encadrés, ayant des fragments d'uniforme ou pas d'uniforme du tout, armés de fusils d'anciens modèles, avec des ceintures-cartouchières, suivis de chariots traînés par des buffles, d'une cavalerie qui fait songer à l'histoire d'avant les historiens, et tout cela s'avance en théorie interminable, en chantant et en criant « hourra » comme devaient s'avancer autrefois Attila et ses Huns. C'est toute la Bulgarie qui se vide de ses hommes, c'est le sang généreux de cette nation qui coule par l'artère ouverte de la Maritza, cette rivière que l'hymne national bulgare célèbre tragiquement :

> Coule Maritza
> Ensanglantée,
> Pleure la veuve
> Cruellement blessée
> Marche, marche, notre général !
> Un, deux, trois, marchez soldats !
> La trompette sonne dans la forêt,
> En avant, marchons, marchons, hourra !
> Hourra ! Marchons en avant !

Les vieux, avec leurs kalpaks (bonnet de peau de mouton) enfoncés sur les oreilles, les plus jeunes avec d'anciens bonnets à poil qui rappellent ceux de la garde napoléonienne, les uns avec de grandes bottes jaunes d'ordonnance, les autres avec la large bande de molleton blanc tenue par des ficelles, au-dessus des sandales de cuir (les *opintchi* bulgares), tous joyeux, fiévreux, le regard extatique et belliqueux, vont, inlassablement, vers le sud, vers l'ennemi : le Turc.

CHAPITRE VIII

A LA POURSUITE DU GÉNÉRAL RATKO DIMITRIEF

Sukun (nord-ouest d'Andrinople), 31 octobre.

Enfin, nous sommes partis, nous avons pu lâcher, grâce à « la lettre blanche » qui permet à son heureux possesseur de circuler dans toutes les lignes, la cohue des correspondants que l'on retient à Mustapha-Pacha parce qu'il faut garder un contrôle sur tant d'hommes dont la plupart sont inconnus au grand état-major. Et c'est ainsi qu'avant-hier, après une dernière entrevue avec le général Ivanof, commandant la deuxième armée qui opère dans le secteur ouest d'Andrinople, nous avons quitté Mustapha-Pacha à trois heures de l'après-midi, nous dirigeant vers l'est de façon à contourner Andrinople par le nord en suivant la ligne des postes bulgares qui font l'investissement de la place forte turque.

Il faut, à ce sujet, rappeler qu'Andrinople est entourée d'une ligne très forte d'ouvrages qui la défendent à une distance de 5,000 à 6,000 mètres. Ces ouvrages sont particulièrement importants sur les fronts ouest, nord et est, laissant les fronts sud et sud-ouest un peu dégarnis, mais Andrinople a, de ce côté, des défenses naturelles du fait des marécages du confluent de l'Arda avec la Maritza. Les troupes bulgares qui se sont avancées de ce côté jusqu'à Iourouch (sur la Maritza), village pris le 22 octobre après un combat important, se trouvent maintenant à la limite du feu des différents forts turcs.

En étudiant avec quelque soin la carte (et celle au 126.000^e de l'état-major bulgare que j'ai sous les yeux est très nette), on en arrive à se demander si la tactique la plus efficace ne serait pas de réduire au silence les forts turcs qui défendent la vallée de la Toundja pour faire la trouée par le nord. En atteignant ces mêmes ouvrages sur leur front ouest au moment où l'effort par le nord serait tenté, la résistance de l'artillerie turque serait mise à une rude épreuve. Elle le serait d'autant plus que l'état-major bulgare a une connaissance approfondie des moindres détails des ouvrages turcs, tandis que les Turcs sont dans l'impossibilité de savoir de façon précise les emplacements choisis par les batteries bulgares, et tout en devinant, par simple logique, où se trouve l'ennemi, devra répondre par à peu près.

Ce n'est pas en vain que tant d'officiers bulgares ont suivi les cours de notre Ecole de guerre. La mise en place de leurs batteries est l'application la plus parfaite de nos méthodes. Les Bulgares, d'ailleurs, nous font un accueil émouvant, ils sont fiers de se battre devant des Français, de leur montrer le profit qu'ils ont tiré de leur séjour à l'école. En attendant de pouvoir narrer leurs exploits, je transcris les notes de mon carnet de route :

29 *octobre*. — Branle-bas général. Il est midi. Nous partons. Il nous faut quitter Mustapha-Pacha hâtivement afin de pouvoir aller le plus loin possible avant la nuit. Le temps de manger un rond de saucisson et du pain de munition et on commence les bagages. Le fidèle Nemeth et son aide Penio, engagé par Segonzac pour soigner les chevaux, bouclent les cantines, roulent les lits. On sort des paniers quelques boîtes de conserves qu'on

logera dans les fontes en cas de souper à la belle étoile. On charge peu à peu les bagages sur notre charrette, une belle charrette paysanne peinturlurée de bleu, de vert et de marron que nous avons achetée à Stara-Zagora. Un peu après deux heures nos amis, deux officiers français qui font métier de journalistes pour voir la guerre et qui ont aussi la « lettre blanche » parce que l'état-major bulgare a su par Segonzac leur véritable qualité, viennent nous rejoindre avec un petit ânon gris, le seul moyen de transport qu'ils aient pu trouver à prix d'or à Mustapha-Pacha. Ils ont abandonné une partie de leur bagage aux bons soins du pope de l'endroit. Ils confient un ou deux sacs de vivres à notre charrette, et à trois heures moins dix, la caravane se met en route en sortant de Mustapha-Pacha par des chemins détournés pour ne pas éveiller l'attention de nos quatre-vingts collègues de la presse moins favorisés.

L'objectif de notre première étape est le village d'Uskudar, à 15 kilomètres au nord-est à vol d'oiseau de Mustapha-Pacha, mais beaucoup plus éloigné, comme nous devions nous en apercevoir, par les nombreux tours et détours le long des coteaux.

Ce n'était pas sans un certain regret que nous

quittions la jolie petite maison turque dont nous avions fait notre premier asile avec le dernier sourire des chrysanthèmes fauves du jardinet saccagé.

La région que nous traversons est déserte et silencieuse. C'est un pays de larges vallons souriants, semblables aux vallons français avec des peupliers émergeant des buissons encore verts. Les routes sont plutôt des pistes dans lesquelles les récentes pluies ont creusé des ornières profondes qui ont vite fait de paralyser les efforts du vaillant petit cheval qui traîne notre charrette. Allons-nous être obligés de camper là ? Voici heureusement qu'arrive derrière nous un convoi de chars traînés par des bœufs et escortés par deux sous-officiers et une douzaine de soldats bulgares. On parlemente et, très aimablement, on nous autorise à répartir une partie de nos bagages sur les chars.

Nous repartons, faisant maintenant partie du convoi militaire. Au sommet d'un coteau on fait halte. Le crépuscule approche, et soudain, au loin, dans la direction de la plaine de la Maritza, de minuscules lueurs, instantanées, nous arrêtent. Ce sont les forts turcs qui tirent. C'est la première vision réelle de la guerre, l'affirmation par les yeux du fait que nous n'avions encore pu qu'imaginer.

Mais la nuit vient. Derrière le Rhodope le soleil se couche dans un éblouissement rose et mauve, et comme nous redescendons vers l'obscurité d'un vallon, le convoi, avec les chars à bœufs, l'ânon, les soldats, se profile sur la crête, vivant théâtre d'ombres, plus beau que la belle *Marche à l'étoile* de Henri Rivière. La nuit est venue et nous ne sommes encore qu'au village de Kadjikioz, à mi-chemin de notre but. Alors, nous avançons en aveugles, en queue du convoi, jusqu'au lever de la lune. Nouvelle halte. Il y a devant nous un grand convoi de munitions arrêté. Quelques instants de conversation avec l'officier qui le commande et l'on repart pour arriver enfin à neuf heures du soir à Uskudar. Il faut parlementer à diverses portes avant de trouver un logis, et enfin un vieux Grec consent à nous recevoir. Il n'y a point d'abri pour les chevaux qui devront rester dans la cour. Une petite pièce de deux mètres carrés nous contiendra tous les quatre, bien alignés par terre comme des sardines, sous la garde d'une vieille icone byzantine.

30 *octobre*. — Il nous faut gagner aujourd'hui Sukun, but de notre seconde étape. Instruits par l'expérience de la veille, nous louons un char et deux bœufs, et après une toilette en plein air qui étonne les soldats cantonnés avec nous et qui n'ont jamais vu une brosse à dents, nous nous mettons en route par un soleil radieux, non sans avoir goûté à un pauvre vin rouge, servi dans un jéroboam par le vieux Grec, qui a oublié sa crainte d'hier soir.

Nemeth nous dit qu'au temps où les pachas turcs dominaient le pays, ils s'installaient chez l'habitant et ne lui payaient rien, d'où la méfiance pour le visiteur inconnu. Le vieux Grec gardera un bon souvenir de notre visite.

Le chemin, comme la veille, traverse vallons, coteaux et plateaux. On comprend, en voyant les pistes défoncées, le tour de force accompli par l'armée bulgare pour son service de ravitaillement.

Cela tient du prodige. Il a fallu des milliers et des milliers de chars à bœufs, moyen infiniment lent, mais le seul possible pour transporter munitions, vivres et fourrages.

Nous arrivons à Sukun à midi. L'ancien village turc, position importante où les Turcs avaient tout récemment construit des cantonnements, déborde de troupes. L'état-major est installé tant bien que mal dans une ferme au plafond bas. Il nous reçoit avec une bonne grâce charmante, s'excuse de ne pouvoir faire beaucoup pour nous, car il ne dispose lui-même que de peu de moyens. On pousse la complaisance jusqu'à nous offrir les services d'un jeune soldat qui s'occupera de nous trouver des vivres dans un village voisin. Nous lui confions un billet bulgare de dix lewa (10 francs), et comme il revient le soir n'ayant pu dépenser que 7 fr. 50 (4 poulets et 4 litres de vin), nous le prions de garder le reste, ignorant que nous avons eu pour ordonnance le fils d'un millionnaire! On nous a installés dans une petite baraque où nous sommes les voisins du trésorier et de l'intendant. Sur la plate-forme couverte, devant la maison, des machines à écrire font entendre leur tictac. On dresse les états journaliers. Hélas ! il a fallu hier mettre onze noms sous la rubrique : *Morts au champ d'honneur*, et quatre-vingt-dix sous le titre : blessés.

Le régiment du prince Boris, le 4° d'infanterie a repoussé hier une sortie de la garnison d'Andrinople, sortie inattendue qui semble bien prouver que les Turcs sentent le cercle de fer de l'investissement se resserrer autour d'eux, et qu'ils cherchent désespérément à le retarder.

(En ce moment — 31 octobre, 11 h. 1/2 matin — le canon tonne et la fusillade crépite dans l'ouest d'Andrinople, sans qu'il nous soit possible, de Sukun, de repérer exactement le lieu du combat. Ce doit être probablement dans la vallée de la Maritza.)

Il est peu de visions plus émouvantes que celle d'Andrinople, la seconde des capitales turques, telle qu'elle m'est apparue hier dans la paix d'un radieux après-midi ensoleillé. La jumelle en rapproche étrangement la masse que domine la grande mosquée surmontée d'un croissant d'or, et que flanquent quatre minarets si minces, si élancés, que l'on croirait quatre cierges gigantesques autour d'un catafalque géant. Dans la brume bleue du lointain, la ville apparaît comme un effet de mirage, et à cette heure du jour où tout est baigné de soleil, où aucun bruit ne trouble l'immense calme, on a peine à concevoir que partout alentour, des milliers d'hommes se préparent aux combats meurtriers.

En fouillant bien l'horizon, on finit par les découvrir. Ici, c'est une brigade d'infanterie bulgare qui s'avance tranquillement en colonnes de marche dans le secteur où, la veille, les Turcs ont fait leur sortie, et qui, soudain, voyant qu'elle a été trop loin, tourne sur la gauche et se met à l'abri sans qu'il semble d'ailleurs que les Turcs l'aient aperçue, car rien ne bouge dans leurs lignes. Ces lignes, on les aperçoit nettement, les officiers derrière les tranchées, les hommes couchés en tirailleurs dans la campagne, sous le village de Tchiflik-el-Mekchik-Keui (le village du pain) et devant eux, à des distances qui paraissent très faibles, des Bulgares, derrière une crête, creusent paisiblement leur tranchée. Et puis l'œil, qui s'habitue davantage aux jumelles à prisme, suit avec curiosité un brave homme de campagnard, poussant un petit âne, qui traverse, comme si la guerre n'existait pas, la zone la plus dangereuse du feu.

De la position de Sintiou-Tepé qui domine tout l'horizon, nous contemplons cet immense tableau avec une curiosité intense. Ce calme précédant l'orage est impressionnant. Que sera-ce dans très peu de temps lorsque toutes les pièces de siège dissimulées derrière les crêtes sur tout ce front ouest, nord-ouest, nord, nord-est, le secteur dans lequel nous nous trouvons, se révéleront ?

Agbounar (11 kilomètres au nord-ouest des forts
avancés d'Andrinople) 1er novembre.

C'est encore aujourd'hui le calme impressionnant des jours de préparation. Au travers des vallons, le long des coteaux, ces interminables coteaux
sans arbres, sans verdure, où les roues des chariots
ont tracé des pistes et creusé des ornières dans
l'épaisse argile, les convois et les régiments che-
minent, allant vers la bataille. Tout cela marche
inlassablement, infatigablement. J'ai vu une brigade qui venait de « s'appuyer » 40 kilomètres
dans sa journée, par d'invraisemblables chemins
enfonçant jusqu'aux chevilles dans la terre trop
riche des champs, et continuant dès l'aube sa route.
J'ai vu des convois de plus de 800 chariots traînés
par des bœufs et des buffles noirs, et portant des
caisses et des caisses d'obus et de cartouches, se
succéder comme de gigantesques serpents, par
toutes les voies possibles qui se dirigent vers l'est.
Les caisses d'explosifs sont cachées sous des sacs
de fourrage, et n'était le petit sous-officier qui
galope d'un bout à l'autre du convoi, l'on croirait
le transport paisible d'une glorieuse moisson. J'ai
vu tous les promontoirs, tous les cols, toutes les

positions stratégiques coupés des lignes noires des tranchées que l'armée bulgare, ne laissant rien à l'imprévu, n'ayant nullement une tentante confiance dans sa force, a creusées au fur et à mesure qu'elle avançait vers un ennemi qui se repliait. On a beaucoup parlé de la témérité bulgare, de cet élan irrésistible qui empêchait de retenir les troupes et qui risquait de leur procurer un jour une épouvantable surprise. Je puis aujourd'hui *de visu* certifier que si cet élan existe au moment où il faut, à la la baïonnette, enlever une position, les méthodes les plus modernes, les plus prudentes, sont appliquées pour la préparation du combat. On ne peut faire mieux. Qu'il s'agisse des tranchées de tir, des abris de réserve, des plates-formes pour pièces de siège, des positions choisies pour ces pièces, de telle façon qu'il soit impossible pour l'artillerie ennemie de les atteindre, des dépôts de munitions, du service d'avant-garde, de flanc-garde, d'arrière-garde, tous les règlements sont minutieusement observés et ceux de l'armée bulgare sont l'exacte reproduction des nôtres.

On peut également se rendre compte du soin avec lequel cette guerre a été préparée et est conduite du côté bulgare en étudiant l'équipement des troupes. La capote de gros drap gris ou marron

est chaude, les grandes bottes de cuir jaune sont
imperméables; un capuchon mobile dont les pattes
forment foulard permet le campement en plein air.
D'aspect, l'armée bulgare a de grandes analogies
avec l'armée russe dont elle a adopté les principaux types d'uniformes et si les enseignements de
notre École de guerre ont été mis à profit, l'influence de Saint-Pétersbourg n'est pas moins évidente. Dans l'ensemble, l'impression est excellente. En attendant la bataille vers laquelle je vais,
suivant une division, je continue à transcrire mon
carnet de route.

31 *octobre*. — La brigade qui était cantonnée à
Sukun a décampé dans la nuit continuant ce glissement par le nord d'une partie de la deuxième
armée active bulgare vers l'est, laissant le soin de
compléter l'encerclement d'Andrinople aux troupes
de réserve et aux contingents serbes, et le petit village accroché au flanc du coteau est presque désert.
Une partie des convois sont encore là et quelques-
uns des hommes viennent à notre puits, un pauvre
puits souillé de paille et de terre. Ils emplissent
tout de même des seaux et boivent au travers de
leur mouchoir cette eau polluée.

Nous consacrons l'après-midi à une nouvelle
promenade sur les mamelons sud qui dominent la
vallée de la Toundja. Comme nous arrivons à cheval, Segonzac et moi, près d'un poste de télémé-
tristes, on nous crie de nous retirer. L'officier qui
nous suit à pied avec nos camarades, nous explique
qu'il ne faut pas nous profiler ainsi sur la crête,
les forts turcs ayant la manie de tirer sur de simples
patrouilles. Du promontoire où nous nous asseyons,
nous pouvons voir les progrès considérables de
l'avance de l'armée bulgare dans la plaine. Là où
hier, deux tirailleurs marchaient prudemment, de
longues tranchées sont maintenant creusées et des
masses d'infanterie campent hors de la vue mais
bien près de l'ennemi. Les Turcs n'ont pas comme
les Bulgares, du moins à Andrinople, d'aéroplanes,
et le biplan Voisin qui est venu ce matin se promener à grande hauteur au-dessus des forts turcs a
eu le don d'exciter l'émulation au tir de l'infanterie
turque. Elle a brûlé beaucoup de poudre contre ce
« moineau » gênant et glorieux. Je crois même
qu'on lui a fait hommage de quelques obus à
25 francs l'un.

Au moment où je rentre au cantonnement (cinq
heures) le canon commence à tonner, toujours

dans la direction de la Maritza et de l'Arda, trop loin pour qu'il soit possible de rien distinguer. La soirée se passe à écrire la lettre que j'ai envoyée avant-hier et que j'ai confiée au général qui lui fera faire la route : Uskudar-Mustapha-Pacha-Stara-Zagora, d'où la censure, après l'avoir sans hâte examinée, la fera parvenir.

1ᵉʳ *novembre*. — Nous partons de grand matin pour gagner notre troisième étape : Agbounar. Il fait un brouillard à couper au couteau, et nous avançons à la boussole. Les pistes s'entre-croisent, si nombreuses ; tants de chariots, tant de caissons, de cavaliers, de fantassins ont passé par là, coupant à travers champs ; qu'il est presque impossible de s'y reconnaître. Au village d'Askeui, deux soldats nous accompagnent pour nous montrer un chemin qui n'est pas sur la carte et qui, allant directement vers l'Est, nous amènera à Fikel en franchissant le ravin de la Baatik-Dèré. Il y a eu dans ces parages un combat assez vif dans ces derniers jours, et au bord du petit ruisseau un cadavre de cheval blanc gonfle au soleil. De l'autre côté du ravin, il y a une ferme opulente entourée de grands arbres. Un vaste potager montre non loin de la route la claire verdure de feuilles de choux. Nous poussons une exclamation de joie. Des légumes ! C'est un bonheur que nous ne connaissions plus depuis pas mal de jours, vivant de conserves ou de poulets bouillis. Aussi c'est une ruée. Hélas ! l'armée a passé par là avant nous, et c'est à grand'peine que nous trouvons quelques cœurs oubliés. L'envie est si forte que nous croquons cette verdure toute crue, en en réservant quelques spécimens pour un hypothétique pot-au-feu. Le reste du potager où il y avait des piments, des tomates et des aubergines, a été complètement nettoyé. Les troupes ont fait le vide absolu. Fikel, où nous arrivons vers midi, est une jolie bourgade, au pied d'une pittoresque vieille tour en ruines. La localité est actuellement occupée par les services sanitaires de l'arrière.

En quittant Fikel et en débouchant sur les hauteurs de la rive droite de la Tundja, Andrinople apparaît de nouveau dans toute la beauté de sa fine silhouette, au bout de la vallée, riante comme une douce vallée française. Des centaines de chars descendent la pente, vers le seul pont construit par le génie militaire, un point vital pour le mouvement tournant au nord d'Andrinople vers l'Est.

De la maison la plus proche du débouché du pont se dégage une odeur infecte de pourriture. Après avoir été pillée et saccagée, elle a servi d'abattoir. Au milieu des débris souillés de sang, je distingue une vignette coloriée : c'est un tableau des uniformes de l'armée turque servant de prospectus pour du papier à cigarettes, une grossière gravure aux couleurs vives qui montre des officiers resplendissants s'élevant par gradins jusqu'au sultan. Tout cela est loin. Cette pauvre réclame, qui, dans les villages lointains, entretenait la gloire et la terreur de la force turque, est là gisante, déchirée, demeurant comme un symbole derrière l'armée bulgare victorieuse.

Nous arrivons à Agbounar un peu avant le crépuscule. C'est un fort village habité par des Bulgares, et l'accueil qu'on nous fait est chaleureux. Le pope de l'endroit, un vieux pope crasseux et cordial, avec une natte de cheveux blancs dans le dos et une grande barbe inculte encadrant d'épaisses lèvres qui cachent mal d'énormes dents jaunes et rares, nous offre l'hospitalité dans la meilleure chambre de son pauvre logis.

Cet asile d'une nuit est pittoresque. Sur le sol,

une grande toile aux raies de couleur, et le long
des murs, des coussins. C'est l'endroit de conversation à la mode orientale. Aux murs, quelques
photographies jaunies : un groupe de collégiens,
un jeune homme, une vue de la mosquée de Sainte-
Sophie, qui, un jour redeviendra chrétienne, et
dans une niche, deux icones : un Christ en croix
et une Vierge. Le Christ est du dessin rugueux et
naïf des primitifs et son caractère me séduit. J'offre
au pope de le lui acheter et il y consent ; mais au
moment du départ, comme les bagages sont prêts,
il me fait demander de le lui rendre : « Les enfants
y sont habitués et déjà ils pleurent de ne plus le
voir. » Il dit cela avec un regard si triste, si
humble et si doux que j'en suis ému et furtive-
ment, presque honteux, je vais remettre l'icone à
sa place. C'est à peine fait, et j'ai l'air de vaquer
à autre chose dans la pièce, qu'une des petites
filles entre et se glisse vers le coin d'ombre où
était l'icone pour, elle aussi, constater le malheur
qui frappe la maison. Je l'entends derrière moi
pousser un soupir de surprise ; l'icone est revenue
par un miracle, et elle court vite le raconter à
toute la marmaille qui piaule dans la chambre à
côté. Et c'est un silence, puis des chuchotements,

des petits rires étouffés. Le Christ est revenu dans la maison comme un bon ange gardien.

J'avais interrogé le pope sur ses impressions de prêtre chrétien voyant soudain la délivrance venir, et je lui avais demandé si son village et ses ouailles avaient connu des heures plus particulièrement pénibles sous le régime turc. Le brave vieillard joignit les mains et fit cette réponse admirable : « Ce que nous avons souffert est assez pour nous ; d'autres n'ont pas à souffrir en le connaissant. »

Ce même soir, nous avons eu la visite de deux officiers bulgares, le major Christo Pentschef et le lieutenant Warbenof. Ce dernier s'est dépouillé pour nous de la dernière bouteille de vin de Plevna qui restait dans ses cantines, et nous avons bu ensemble au tsar Ferdinand, à l'armée bulgare et à l'armée française. Ce sont de jolis types d'officiers que ces jeunes hommes, francs, enthousiastes, parlant de leur mort possible demain, après-demain, un de ces jours, sans la moindre affectation romanesque. Ils voudraient estimer l'adversaire en soldats, mais leur voix tremble quand ils racontent le stratagème odieux employé par les Turcs dans la journée du 23. Les assiégés tentèrent ce jour-là sur tout le front nord-

nord-est contre les positions bulgares de Pravedir-Kaipar-Gevelar, une sortie qui avait pour but (les prisonniers ont éclairci le point) de rompre l'encerclement bulgare et de venir au secours de Kirk-Kilissé. Les Turcs en arrivant devant les lignes bulgares, posèrent leurs fusils à terre et levèrent les mains en signe de reddition. Les Bulgares, confiants, s'avancèrent et furent mitraillés à bout portant. 400 hommes tombèrent. Les Turcs croyant leur succès complet, s'élancèrent en avant mais une batterie bulgare qui, de la hauteur, surveillait le mouvement, ouvrit alors le feu et vengea par de nombreux morts turcs les frères bulgares, victimes de la trahison.

Ortachi, 2 novembre.

Je devais avoir des échos de ce même combat du 23 en arrivant à Ortachi, un point plus à l'Est de la ligne de bataille. La lutte y avait commencé la veille 22, et les 41e et 42e régiments de la 3e division avaient eu 50 morts et 348 blessés, après une lutte qui dura depuis quatre heures du matin à huit heures du soir. Le lendemain, appuyés des 23e et 16e régiments de la 1re division, ils repoussèrent les meilleures troupes turques, la division de chasseurs, dans la plaine, prirent le village d'Ortachi, avec des caissons et des munitions en grand nombre, et en infligeant des pertes énormes à l'ennemi. L'effort désespéré de l'armée turque avait été vain. Les troupes étaient rejetées dans Andrinople, d'où elles ne sortiront plus que désarmées, car maintenant, l'encerclement est complet.

La cavalerie bulgare a pris Dimotika au Sud, et la 2e armée bulgare occupe tout le front nord-est et est. L'ultimatum a été lancé, en enjoignant à la population civile d'avoir à se retirer avant le lundi 4 au soir. A l'expiration de cette date, le bombardement commencera. Ainsi que je vous l'ai dit dans ma dernière lettre, les batteries bulgares commandent tous les forts turcs avec des repérages admirables. Quand le canon tonnera ce sera formidable.

Je n'entendrai cette canonnade que de loin, car je serai vraisemblablement à cette heure-là en contact avec la 3e armée bulgare, renforcée d'une partie de la 1re armée qui poursuivent les Turcs sur leur dernière ligne de défense de Tchataldja.

J'avoue que pour arriver à Kirk-Kilissé, le chemin est singulièrement difficile. Il a fait aujourd'hui un froid terrible, avec vent et pluie. Les pistes sont à peine praticables ; mon cheval s'enfonce jusqu'au dessus du paturon dans la terre glaise, et 20 kilomètres d'étape sont tout ce que je peux lui demander. J'espère arriver à temps pour la bataille de Tchataldja mais je n'en suis pas sûr, tellement les Bulgares vont vite.

Guerdéli, 3 novembre.

C'est notre dernière étape avant Kirk-Kilissé, une étape que nous avions eu peur de ne pouvoir atteindre avant le soir, car il a fait hier un temps épouvantable, froid glacial et pluie battante. Qui n'a pas vu les chemins de Thrace après une pluie n'a pas une idée de ce que l'on appelle ornières et fondrières, et cette nuit, quand dans la maison du pope d'Ortachi, un autre excellent ecclésiastique qui n'avait qu'une chambre aux murs en torchis à nous offrir pour asile, nous entendions siffler le vent lugubrement, nous nous épouvantions à l'avance de l'état dans lequel nous trouverions la route le lendemain.

Il me souvenait de nuits semblables dans des chalets alpestres et comme la maison du pope était assez haut sur la colline dominant le village, les lumières des bivouacs paraissaient infiniment lointaines, comme sont les lumières des hameaux montagnards au fond des vallées.

C'était, ce matin, dimanche, le dimanche après la Toussaint. En guerre, on oublie les dates, on ne sait plus et il a fallu la cloche de la petite église vibrant joyeusement pour nous rappeler le jour férié. Elle a comme un tintement de délivrance, cette petite cloche chrétienne dans la bourgade de la montagne, elle ne craint plus de laisser aller librement son battant, appelant les fidèles à la messe matinale.

La pluie a cessé mais les chemins demeurent détestables et il nous faut demander la réquisition de deux chars à bœufs pour y répartir nos lourdes cantines. Ce sont toujours les plateaux et les vallées dénudés, le passage de ruisseaux où les chevaux clapotent dans la boue et s'enfoncent au risque de nous faire glisser avec eux dans ces flaques jaunâtres. Nous sommes maintenant sur un des champs de bataille des 22 et 23 octobre et nous ramassons au passage des outils de campement, des piquets de tente, des étuis de cartouches turques fabriquées en Allemagne, des culots d'obus et par-ci par-là, nous dérangeons des corbeaux occupés à dépecer des cadavres de chevaux qui empuantissent l'atmosphère.

Les Turcs avaient un bataillon d'infanterie à Vajsal, à 5 kilomètres de la frontière bulgare, puis deux bataillons à quelques kilomètres en arrière à Tsali-Muselim (Tatarlar). Le jour de la déclaration de guerre, deux régiments de la division de Sofia (1re armée), franchissant la frontière, attaquèrent les Turcs qui se replièrent jusqu'à Sulioglu (Seliolou), sur la rivière Colema (Derbend). A ce moment, les troupes turques qui se trouvaient au nombre de 10.000 hommes environ, à 16 kilomètres au sud de Kirk-Kilissé, sur la route d'Andrinople dans un village nommé Ienidjé, envoyaient un régiment à Seliolou. Ce mouvement coïncidait avec la sortie de la garnison d'Andrinople, ce qui, dans l'ensemble, formait un front très étendu. Il se livra autour de Seliolou un combat très violent. Le bataillon de flanc-garde du 1er régiment bulgare se trouva arrêté de trois heures de l'après-midi jusqu'à minuit devant les tranchées turques. A ce moment, le gros de la force bulgare marchant vers l'Ouest, c'est-à-dire venant apporter son concours à sa flanc-garde, attaqua de nuit les Turcs et enleva leurs positions. Les Turcs se retirèrent en désordre, les uns vers Andrinople, les autres dans la direction du sud-est, regagnant Ienidjé. Le 1ᵉʳ régiment, après ce combat, poursuivit directement sa marche stratégique sur Lule-Bourgas. Il avait, dans ce combat, subi d'assez sérieuses pertes, dont plusieurs officiers [1].

A notre arrivée à Guerdéli nous sommes reçus par les officiers des ambulances de réserve de la première division. Ils forment dans la salle d'école où l'on nous loge, un cercle charmant d'excellents linguistes français, la plupart d'entre eux ayant fait leurs études à Montpellier. On cause longuement, on nous demande des nouvelles, on discute du passé et de l'avenir, du rôle des grandes puissances, des sympathies que la France éveille; et c'est quelque chose de très émouvant pour nous que cette sensation de la place qu'occupe notre pays dans les cœurs bulgares.

Comme nos chars à bœufs tardent à arriver, on nous apporte des brancards d'ambulance pour y

---

1. Le 1ᵉʳ régiment de Sofia comprenait l'élite de la jeunesse intellectuelle de la Bulgarie et ses pertes en avocats, ingénieurs, savants, professeurs. acteurs, furent cruelles. On en jugera par ce fait qu'on ne sait pas à l'heure actuelle si le théâtre national de Sofia pourra rouvrir ses portes après la guerre, la majorité des acteurs ayant été tués.

passer la nuit et la brave femme du maître d'école nous fait du thé.

Notre dortoir improvisé est encombré, dans un de ses coins, par des dépouilles turques, pelles, pioches, fusils Mauser, cartouchières, havresacs, et même deux tambours.

Dehors, près du ruisseau, les chiens ont déterré un cadavre turc dont une main se dresse hors du sable. Nous sommes maintenant dans la guerre, car tout en parle tragiquement. Dans quelques jours, nous serons dans la bataille.

Kirk-Kilissé, 4 novembre.

Nous avons marché vite aujourd'hui parce que la bataille est imminente et qu'il ne faut pas manquer la bataille qui va décider de cette guerre extraordinaire. L'ennemi, acculé à ses derniers retranchements, ne peut plus fuir le contact. Il doit, comme le sanglier, faire front et foncer.

Un de nos chevaux est tombé, claqué, en arrivant à Kirk-Kilissé. La brave bête qui traînait notre petite charrette, a fait un suprême effort par ces chemins abominables, inimaginables, mais c'était trop pour elle. Quant à nos buffles et à nos bœufs ils avancent avec une lenteur désespérante. La seule critique que je ferai d'ailleurs sur l'organisation des ravitaillements bulgares, sur tant de points admirable, porte sur le peu de souci que l'on paraît avoir eu de réparer les routes et d'arranger les gués. Quelques hommes auraient suffi à certains endroits pour éviter, en nivelant et en piochant, d'épuiser les attelages. Il est vrai qu'on ne disposait pas d'hommes, tout ce qui est valide portant les armes, mais tout de même on aurait pu faire quelque chose.

Pendant ces deux derniers jours, nous avons eu beaucoup à faire avec les hôpitaux militaires. Comme nous arrivions à l'étape de Ienidjé, nous trouvâmes un hôpital de campagne en plein fonctionnement. On renouvelait les pansements d'une quarantaine de blessés venus de Lule-Bourgas. Ils seront de là évacués sur Guerbeli puis sur les hôpitaux fixes de Iamboli, en Bulgarie.

Les hommes supportent stoïquement avec des grimaces et quelques soupirs, l'examen des plaies que leur ont fait les balles turques, plaies d'ailleurs sans gravité, car la balle turque (la même que la balle allemande) est si effilée qu'elle traverse sans déchirer les tissus.

Le matériel de pansement est d'une propreté

minutieuse. Deux grandes tables sont recouvertes de draps immaculés sur lesquels sont les autoclaves, les cuvettes, les pinces et les médicaments. Tout est clair dans le soleil, car la consultation a lieu en plein air.

Pendant notre halte à Ienidjé, les médecins nous racontent que dans ce village, alors que les troupes turques l'occupaient, un certain nombre de familles chrétiennes vécurent dans leurs caves par peur d'être massacrées. Au-dessus de leur tête, les soldats turcs, installés dans la maison, faisaient bombance. Les pauvres gens demeurèrent terrés pendant cinq ou six jours, puis ils entendirent le bruit d'une fusillade, puis le canon, puis le silence, puis des voix qui parlaient bulgare. Les Turcs, voyant apparaître les leurs revenant en déroute de Seliolou et, peu après, des soldats bulgares (ils n'étaient que 200 !) s'enfuirent précipitamment sur la route de Kavacli, abandonnant caissons, canons, coupant les traits pour aller plus vite. Nous avons traversé cette zone : c'est effarant. Tout les cent mètres, il y a un caisson, une pièce, un chariot-forge, abandonnés ; il y a des caissons encore pleins, avec leur quarante obus de Dusseldorf ; le sol est jonché d'obus jaunes et rouges, de cartou-

ches, de fusils cassés, de marmites, de cartouchières, de sacs. Et puis de temps à autre des chevaux morts : on a peine à imaginer une pareille
déroute d'une armée qui jouissait pourtant d'une
haute réputation.

Kirk-Kilissé est une jolie ville de 25.000 âmes qui
s'étage sur deux mamelons. Elle est flanquée à
droite et à gauche de forts imposants, les forts que
von der Goltz disait imprenables à moins de trois
mois de siège par une armée de la valeur de l'armée allemande.

Nous avions peine, à distance, à comprendre
comment l'armée bulgare avait pu si facilement se
rendre maîtresse d'une si forte position. Maintenant que j'ai vu et interrogé les témoins oculaires,
tout s'éclaire. Les Turcs avaient, il y a quelques
mois, déménagé toute leur grosse artillerie pour la
porter aux Dardanelles. Il n'y avait plus de canons
de gros calibre dans les forts de Kirk-Kilissé.

Quand les Bulgares, après avoir pris Ere-Kleri
dans la journée du 22, combat qui fut assez chaud
(combat auquel des officiers allemands prirent part
du côté turc, témoin le cadavre d'un certain lieutenant Moritz von Karl qu'on retrouva après la bataille), arrivèrent le 23 au soir devant Kirk-Kilissé,

ils s'arrêtèrent prudemment, s'attendant pour le lendemain matin à une résistance acharnée. Il avait d'ailleurs plu à verse toute la journée et les troupes étaient épuisées. Or, ce même soir, Moukhtar-Pacha, sans chapeau, suivi de tous les officiers généraux, prenait précipitamment le train pour Eski-Baba. Un deuxième et un troisième convoi emportaient des officiers qui, à coups de poing, avaient réussi à y prendre place.

Les troupes, sans chefs, s'éparpillaient dans les campagnes prenant la direction de Bunar-Hissar ; les canonniers des forts, laissant là pièces et caissons, enfourchaient les chevaux et suivaient hâtivement le mouvement. Le 24 au matin, l'artillerie bulgare ouvrit le feu. Rien ne répondit. On attendit, croyant à une ruse. On finit, en présence de cet extraordinaire silence, par envoyer une reconnaissance de cavalerie. Elle fut reçue par les habitants avec des bouquets de fleurs. Les Turcs avaient fui dans la nuit. L'arrière-garde turque empêcha, avec assez de courage, une poursuite qui aurait pu être décisive si les Bulgares avaient eu de la cavalerie suffisante. L'armée bulgare fit ripaille à Kirk-Kilissé. Le vin de cette région est réputé. L'armée avait d'ailleurs besoin de repos. On s'extasiait devant le butin. Sans parler du matériel de guerre, on trouva pour 500.000 francs au moins de produits pharmaceutiques. Les Allemands, fournisseurs de l'armée turque, lui avaient vendu des spécialités de luxe dont 18.000 francs de pyramidon, de quoi guérir la migraine de plusieurs corps d'armée ! Quant aux effets militaires, d'ailleurs d'excellent drap, on a eu de quoi vêtir deux brigades de réserve bulgares, et les caisses de boutons de rechange chargèrent tout un wagon. Au cercle militaire turc, on trouva des casiers pleins de cartes de *Kriegspiel* allemandes. Elles étaient toutes relatives aux combats de 1870-71. Les instructeurs allemands en avaient conseillé l'achat à leurs élèves turcs. Dans les maisons habitées par les officiers turcs, on trouva d'abondantes bibliothèques d'ouvrages érotiques allemands, et chez Moukhtar pacha on fit main basse sur une cargaison de friandises : bonbons, lukum, sucreries variées, et deux selles brodées d'or.

Gloire des âges anciens, amollissement des caractères !

En arrivant à Kirk-Kilissé, une chose m'a frappé entre beaucoup d'autres. Les habitants chrétiens avaient hâtivement, dans la nuit de l'évacuation turque, dessiné à la craie ou peint grossièrement à l'encre sur leur porte une croix.

Ils avaient peur d'un massacre général par l'armée victorieuse et cherchaient un abri sous l'emblème du Christ. Cela seul suffit à indiquer dans quelle mentalité le joug turc avait maintenu ces malheureuses populations.

Et en écrivant ceci, il me revient un détail que je n'ai pas mentionné. Dans une de nos dernières étapes, nous nous arrêtâmes dans un village pour faire reposer nos chevaux et manger un peu de pain et une boîte de sardines. Comme le vent soufflait, violent et froid, nous nous abritâmes sur le devant d'une ferme. Elle paraissait abandonnée quand, d'une porte basse, sortit un vieillard minable qui se traînait le dos courbé. Il nous regarda longuement, inquiet, puis, voyant notre mine débonnaire, s'enhardit et approcha.

Au moment du départ, Segonzac lui donna quelques sous. Alors le vieux vint à moi et me fit signe qu'il ne connaîtrait pas de plus grand bonheur que de fumer une cigarette. Au moment où je la lui tendais, il s'empara de ma main et la baisa.

Pauvre gens ! Leur cauchemar est aujourd'hui fini !

CHAPITRE IX

DE KIRK-KILISSÉ A TCHATALDJA

Iana, 5 novembre.
(25 kilomètres au sud-est de Kirk-Kilissé,
sur la route de Constantinople.)

Ce que j'avais vu avant d'arriver à Kirk-Kilissé sur
la route suivie par les fuyards de Seliolou et Ienidjé
n'était rien. Je me demande encore si j'ai rêvé !
Quand, dans la nuit du 23 au 24 octobre, la garnison
turque de Kirk-Kilissé décampa, la majeure partie
des troupes s'engouffra sur la route de l'est vers
Bounar-Hissar. Les officiers avaient pris le train,
les hommes abandonnés, s'enfuirent en désordre.
Quel témoin oculaire racontera jamais la panique
de cette nuit-là ! Dans les deux grands forts de
Kirk-Kilissé, placés à trois kilomètres à droite et
trois kilomètres à gauche de la ville, forts d'accès
difficile en raison du ravinement des routes, si l'on
peut appeler cela des routes, les artilleurs laissèrent

purement et simplement pièces et caissons et arrivèrent aux casernes qui sont sur un mamelon au front nord de la ville.

Il y avait là un parc d'artillerie de trois batteries. Nul ne songea à faire dans la nuit le travail assez délicat d'atteler et de descendre ce gros matériel sonore par les ruelles qui aboutissent à la chaussée d'Andrinople. On prit les chevaux et on partit.

Ce premier flot de fuyards entraîna les troupes qui campaient au sud de la ville, dans la plaine à gauche du chemin de fer. Il y eut là des soldats moins couards. Ils cherchèrent à sauver pièces et caissons confiés à leur honneur. Alors, dans une fuite éperdue, cavaliers, artilleurs, fantassins s'élancèrent sur la chaussée. L'état déplorable dans lequel la Turquie a laissé ses voies de communication devait être fatal à son armée. Les chevaux, fouettés sans arrêt, s'épuisaient, tombaient (les charognes l'attestent); alors, on dételait ceux qui restaient et, laissant le caisson ou la pièce, on continuait.

Au début, un artilleur consciencieux ôte la culasse du canon, plus loin, cette peine n'est même plus prise. On coupe les traits des bêtes pour aller plus vite et on laisse la pièce intacte. Cela commence dès la sortie de Kirk-Kilissé et cela continue pendant vingt kilomètres. Les caisses d'obus tout neufs avec leur capuchon de corde tressée gisent par milliers sur le bord de la route. On marche dessus. L'armée éperdue a jeté du lest et l'on devine l'effroyable lutte : le retour de conscience de malheureux artilleurs entraînés dans cette déroute, injuriés par ceux qu'ils arrêtaient dans les montées difficiles et qui, peut-être, vidaient de vive force les caissons malgré les supplications des canonniers. Et puis, c'est la comptabilité des compagnies, des escadrons, des batteries qu'on jette au vent, vaine et inutile paperasserie. Et puis c'est, dans cette nuit, l'affolement. Il y a des troupes qui, pour aller plus vite, ont pris à travers champs. Le galop de leurs chevaux fait croire à une poursuite de l'ennemi. On tire sur elles. La ruée se fait plus formidable. A un endroit, où se trouve un caisson avec son avant-train et son caisson enfoncés dans l'argile, il a dû se passer un drame. La route surplombe là des marais. La pièce embourbée barre la route. Le convoi s'est trouvé arrêté. On a certainement fouaillé les bêtes jusqu'à la mort pendant que, derrière, la foule hurlait et que d'autres, pour passer quand même, s'enfonçaient jusqu'aux genoux dans la boue. Ailleurs j'ai vu un cadavre qui gisait dans l'ornière, écrasé par les roues des canons et des caissons; il y a autour de lui sur le rebord de la route, des pages détachées d'un Coran aux encadrements d'or et puis un amoncellement d'obus rouges. Le corps du malheureux formait une résistance, et, comme dans la nuit, on ne voyait pas l'obstacle, on a probablement allégé des caissons hâtivement pour passer, passer quand même et plus vite !

Et c'est sur cette route de terreur et de honte qu'on ne songe même pas à débarrasser de toutes ces dépouilles, de tous ces trophées inespérés, tant leur abondance est grande, que s'avance l'armée bulgare. Elle s'avance, rapide, silencieuse, disparate dans sa tenue, mais une dans son cœur, comme marchaient les volontaires de 92. C'est une armée farouche, impressionnante où les barbes grises voisinent avec l'adolescence, où les capuchons de bergers couvrent la nuque de l'officier comme du soldat ; c'est une armée qui traîne derrière elle ses convois, ses troupeaux, comme les conquérants d'autrefois, nomades éternels, qui descendaient vers les mers chaudes avec leurs chars aux roues pleines. On sent qu'elle marchera jusqu'aux portes de l'Orient, cohorte fantastique que dirigent des cerveaux modernes.

Bounar-Hissar, 6 novembre.

Nous étions arrivés à Iana à la nuit tombée, transis de froid, dirigeant difficilement nos chevaux parmi les pierres dressées d'un cimetière bordant la route qu'encombraient des convois. Nous devions cependant trouver un gîte dans la vaste antichambre d'une maison où logeait le commandant de la place. Je n'ai jamais dormi ou tenté de dormir au milieu d'une telle étoile de courants d'air. Comme deux brigades sont arrivées dans la nuit, c'est un va-et-vient continuel dans notre dortoir improvisé, et l'aube ne change rien à cette impression de salle d'attente de chemin de fer, ouverte à tout venant.

Ici comme partout ailleurs sur notre route, c'est l'accueil chaleureux, ému, des Bulgares qui gardent de leur séjour en France un souvenir enthousiaste et une parfaite connaissance de ·notre langue. Parmi ceux-là il en est un particulièrement typique, un banquier de Tirnovo, qui a passé la cinquantaine, et qui, soldat dans l'âme, est venu

avec ses armes et son cheval s'engager comme
volontaire. Ses trois frères ont fait comme lui, et
la famille Tereef est fière de défendre la patrie.

Avant de quitter Iana nous avons été reçus par
le général Ratko Dimitrief, le vainqueur de Kirk-
Kilissé et de Bounar-Hissar, l'homme qui a si glo-
rieusement exécuté le plan stratégique de Ferdinand Ier et du généralissime Savof.

Ratko Dimitrief nous a, avec une saisissante
clarté, exposé les grandes lignes de l'action qui
l'avait porté en avant avec la rapidité qui a fait
l'objet de l'unanime admiration. Il nous a, ce qui
fut sensible à nos cœurs de Français, déclaré qu'il
s'était depuis le début de la campagne efforcé de
mettre en pratique les théories françaises, de donner aux leçons des Bonnal et des Langlois une
illustration décisive.

Le général nous a reçus dans la chambre à
coucher de la maison grecque où il a provisoire-
ment établi son quartier général.

Le lit de fer, émaillé en bleu ciel avec, à la tête
et au pied, dans des ovales, des scènes pastorales
d'un style Louis XV de bazar, tenait le milieu de la
pièce. Sur une table de bois blanc une grande carte
des opérations était déployée, non pas une carte à

grande échelle, mais une carte au 210.000^e, celle qui suffit à diriger les masses. Sur un canapé quelques numéros du *Temps*, dont le plus récent date du 23 octobre, et c'est tout. Le général, entre la table et le lit, a juste la place pour passer. C'est au physique, un homme trapu, avec des yeux noirs sans dureté et une moustache courte et tombante. Avec lui, pas de longues discussions, de ces sermons oiseux sur les nécessités de la censure, du silence. Il nous dit simplement : « Vous êtes Français, j'ai confiance dans votre sens du devoir pour ne rien écrire qui puisse gêner notre action.» Comme on aime mieux cet appel à la conscience que toutes les misérables chicanes de professeurs et journalistes improvisés censeurs, s'attachant à la lettre d'un règlement sans en comprendre l'esprit !

Le général nous donne rendez-vous derrière la ligne de feu quand l'action décisive commencera, et c'est sur cette promesse que nous le quittons. Viza n'a été pris qu'hier par les troupes bulgares ; il est encore trop tôt pour nous y rendre directement, aussi faisons-nous halte à Bounar-Hissar où l'on nous loge dans l'ancien palais (?) de justice de l'endroit. Les papiers de procédure jonchent le sol de la cour. Il a fallu faire de la place pour les munitions, les armes ramassées sur le champ de bataille, et dans une petite chambre du rez-de-chaussée deux cadavres reposent sur un grabat. Ce sont deux braves petits soldats bulgares. Ils ont pu se traîner jusqu'ici, échappant aux effroyables tortures que les Turcs infligent aux blessés qu'ils rencontrent : crevaison des yeux, mutilations infâmes, clouement sur le sol avec la baïonnette dans le dos, mais leurs forces étaient épuisées.

Ils dorment maintenant leur dernier sommeil. Leur visage est calme, presque souriant. Ils ont rempli leur tâche pour la patrie.

Les docteurs avec lesquels nous dînons ce soir dans l'infirmerie où règne la saine odeur du phénol, nous racontent bien des choses émouvantes ou horribles. Ils nous confirment les actes de sauvagerie des Turcs à l'égard des blessés bulgares et me donnent des détails que je ne peux pas raconter. Ceux qui connaissent les procédés marocains peuvent les imaginer. Ils nous donnent ensuite sur les effets de la balle turque des détails d'un puissant intérêt. Comme la balle turque et la balle allemande sont semblables, nos médecins militaires pourront puiser, dans les rapports bulgares, des renseignements d'une utilité qu'il n'est pas nécessaire de souligner.

Je vous ai déjà dit que l'état-major bulgare a décidé de laisser ignorer pendant toute la campagne, aux familles des soldats, l'endroit où se trouvaient fils, frère ou père. On ne communique pas davantage les décès. C'est pour ceux qui attendent au foyer l'angoisse et l'espoir continuels. La population supporte cette épreuve avec héroïsme. Elle sait la grandeur de la cause. Elle ne réclame rien. Un de ces derniers jours, un soldat qui passait dans un des villages des environs, apprit par hasard que son frère avait été tué et que son cadavre était dans une ferme voisine. Il s'y rendit, se pencha vers lui, l'embrassa, et sans une larme dit ces quelques mots : « Adieu mon frère ! Je te vengerai. »

« Et, me disait le docteur Morphof, qui me citait ce cas dont il avait été témoin, ils sont tous comme cela. Nos officiers eux-mêmes en sont frappés. Nos hommes dépassent en stoïcisme tout ce que nous avions imaginé. »

Viza, 7 novembre.

Nous avons traversé le champ de bataille des

27, 28, 29, 30, 31 octobre, 1ᵉʳ et 2 novembre entre
Bounar-Hissar et Visa. Ce qu'il y a de stupéfiant
dans ces combats, c'est que les Bulgares aient pu
d'abord résister puis déloger les Turcs de leurs
positions successives. Il n'y en a que deux explica-
tions : la démoralisation des fuyards de Kirk-Kilissé
et la perfection du tir de l'artillerie bulgare. Sur ce
dernier point, le champ de bataille fournit des
preuves évidentes. Il y avait, par exemple au sud-
est du village de Chiflik-Teké, de l'autre côté d'un
vallon assez profond, une ligne de tranchées turques admirablement placées. Le repérage des
batteries bulgares fut si précis que les obus éclatè-
rent dans un rayon de cent mètres, l'un d'eux fauchant même toute la première tranchée. Les morts
ont été enterrés, mais cette preuve reste et les
témoins oculaires confirment le fait : quand on
arriva à la baïonnette, en remontant la dure pente
du coteau, on ne trouva plus qu'une rangée d'ago-
nisants et de morts.

Les prisonniers ont d'ailleurs avoué qu'ils avaient
deux terreurs : les canons bulgares et les charges
à la baïonnette ou plutôt au couteau (*nog !*) car la
baïonnette bulgare est courte et large comme un
couteau de chasse au sanglier.

L'examen des tranchées turques démontre aussi
quelque chose d'assez intéressant : la prodigieuse
consommation de cartouches. Les douilles vides
s'accumulent en gros tas à côté des paquets neufs
que nous connaissons bien maintenant : une
boîte en carton marron avec une large étiquette-
bande rouge foncé, contenant trois chargeurs
de cinq cartouches chacun. Les champs en sont
pleins, fleurs tragiques de cet automne lugubre,
dans cette immensité de territoires sans arbres
où l'incurie turque n'a rien changé depuis des
siècles.

Le fantassin turc n'est pas lâche, il reste tant
qu'il peut dans sa tranchée en tirant sans arrêt
mais il ne vise pas, sait à peine se servir de sa
hausse et lance son coup de fusil « au jugé » dans
la direction de l'ennemi.

Le soldat bulgare, au contraire, est ménager de
ses munitions. Il aime les résultats tangibles, il
vise son homme et préfère par-dessus tout la charge
à la baïonnette, charge d'ailleurs intelligente et
nullement folle. Il avance par bonds successifs, se
couche, avance de nouveau. Les Turcs ne comprennent rien à cette manœuvre, ils disent : « C'est
extraordinaire, les Bulgares tombent quand nous

tirons, mais ils se relèvent et avancent quand même. »

Quant aux artilleurs turcs, ils ne connaissent pas leurs pièces, instruments extrêmement délicats qui demandent une longue pratique. Eux aussi tirent « au jugé » et si, à Lule-Bourgas leurs batteries ont été plus heureuses, c'est, affirme-t-on, aux officiers allemands volontaires dans l'armée turque qu'elles le doivent.

Je vous ai déjà parlé du cadavre de l'un d'eux retrouvé au nord de Kirk-Kilissé. On en a fait deux autres prisonniers, on en a trouvé un autre mort à l'ouest d'Andrinople. D'une part, à Kirk-Kilissé, dans les papiers du cercle militaire, on a trouvé une dépêche parlant d'un aviateur allemand qui s'était blessé au retour d'une reconnaissance au-dessus de la frontière bulgare, le jour de la déclaration de guerre (aéroplane qui a été en effet aperçu par la troisième armée), et d'autre part, à Lule-Bourgas, des habitants ont témoigné avoir logé des officiers allemands dont l'un s'appelait, disaient-ils, von der Goltz et serait un fils du feld-maréchal (?)

Pour dire encore un mot de l'artillerie bulgare, je mentionnerai le nom du capitaine Mavrodijski, du 1er régiment d'artillerie. Ce jeune officier qui

est très populaire dans toute l'armée bulgare et
qui est acclamé quand il passe, tire le canon
comme d'autres font des cartons à la carabine. Le
« musellement » des batteries turques est sa dis-
traction favorite, et il a fait des merveilles.

Sarai, 9 novembre.

Pour venir de Viza à Sarai la route traverse les
marais de la Bagazkoejdéré. Les fuyards de Bounar-
Hissar devaient y connaître une nouvelle catastrophe. On ne sait pas encore ce qui s'est passé.
Le commandant d'une brigade d'avant-garde bulgare rapporta simplement au quartier général que,
dans la nuit du 2 au 3 novembre, il avait entendu
une fusillade assez importante, mais qu'il ne savait
pas de quoi il s'agissait, aucune de ses troupes
n'étant sur la route de Sarai. Quand on arriva le
surlendemain, ce fut un spectacle d'horreur. Les
turcs s'étaient entre-tués, des troupes de renforts
ayant sans doute été prises pour des contingents
bulgares opérant un mouvement tournant. Les
fuyards s'étaient enlizés dans les marais. Il y avait
des blessés sur leurs brancards qui avaient de
l'eau jusqu'à mi-corps. Il y avait aussi, spectacle
macabre, une automobile qui contenait deux

officiers blessés. Les malheureux sont morts là dans l'impossibilité de s'échapper, transis de froid. On évalue les morts de cette nuit-là à 2.000. Je n'ai pas personnellement suivi cette route d'agonie, ayant fait à cheval un détour de 10 kilomètres au sud pour voir le village d'Asboa, un des nombreux villages chrétiens incendiés par les soldats turcs. Ceux qui peuvent encore avoir des sympathies diplomatiques pour la nécessité du maintien du régime ottoman en Turquie d'Europe auraient dû m'accompagner. Ils seraient édifiés. Du village il ne reste que des ruines. L'armée turque a non seulement incendié les maisons mais massacré les inoffensifs habitants. Quand je suis arrivé, on finissait d'ensevelir ces malheureux dans le fossé d'un champ voisin. Il y en avait 80. Mais tous les cadavres n'ont pas encore été ramassés. J'ai vu de mes yeux un pauvre bébé d'un an, le côté droit du visage écrasé d'un coup de crosse ou de talon, une fillette de six à sept ans percée d'un coup de baïonnette.

Sous les décombres, on distingue encore d'autres corps. Les soldats turcs ont tout massacré, n'épargnant qu'une dizaine de jeunes filles qu'ils ont emmenées...

Une cinquantaine d'habitants s'étaient réfugiés dans l'église. On mit le feu à l'édifice en empêchant les malheureux de sortir. Ils périrent brûlés. A Asboa, j'ai eu pour guide un petit groupe de vieillards qui s'étaient enfuis avant l'arrivée des troupes. Il y en avait un dont les larmes brisaient le cœur. Il avait tout perdu, famille et biens.

A Sarai, les Turcs n'ont pas eu le temps d'assassiner, mais leur vengeance s'est exercée sur la petite église grecque. A coups de bâton, ils ont brisé les lustres, crevé les pauvres icônes, déposé des ordures dans le lieu saint, fait cuire leur viande dans les stalles, déchiré les évangéliaires. C'est une vision lamentable que cette jolie petite église à la curieuse architecture, avec son balcon intérieur grillé (l'habitude orientale du moucharabieh derrière lequel se cachent les femmes), sa grande paroi au fond de chœur, avec toutes les naïves peintures qui la décorent, et tout cela souillé, ruiné, parsemé du boîtes de cartouches vides avec l'éternelle étiquette rouge « Dusseldorf ».

Quand on a vu cela on ne plaint plus les fuyards enlizés dans les marais de la Bagazkoejdéré. Les crimes ont leur châtiment.

CHAPITRE X

CE QUE FURENT LES OPÉRATIONS

Saraï, 8 novembre.

On vient de nous faire, à l'état-major, une assez longue conférence sur la marche générale des opérations depuis le début de la guerre. C'est maintenant de l'histoire et cet exposé de l'état-major général offre l'intérêt d'une mise au point nécessitée par tous les mensonges qui ont paru par le canal de journaux moins soucieux d'histoire que de sensation.

Trois corps d'armée devaient opérer sur le front d'Andrinople-Kirk-Kilissé. Le 2ᵉ corps avait pour objectif Andrinople et était concentré à Tirnovo-Seymen, le 3ᵉ corps était concentré entre Jamboli et Stradja et avait pour objectif Kirk-Kilissé, le 1ᵉʳ concentré à Kizil-Agach devait opérer entre les deux autres, mais surtout coopérer avec le 3ᵉ. Enfin une division, dite des Rhodopes, devait opérer indépendamment des trois corps d'armée et se diriger vers Serès, tandis qu'une autre division dite du Rylo devait coopérer avec l'armée serbe en Macédoine proprement dite.

Si l'on se reporte aux hypothèses que je formulais à Stara-Zagora, on voit que l'état-major avait adopté la première, du moins dans ses principes essentiels, c'est-à-dire que le gros effort, après avoir porté sur Kirk-Kilissé, devait décider de la campagne par une bataille sur la seconde ligne de retraite des Turcs, appuyés sur l'Ergène. Il devait bien entrer dans le plan de l'état-major bulgare de ne jamais tenter sérieusement l'assaut d'Andrinople et de borner la tâche de la deuxième armée, celle du général Ivanof, à masquer la citadelle turque et empêcher la coopération de ses forces avec celles de Kirk-Kilissé et celles de Salonique. Je comprends maintenant l'émotion du bureau de la censure de Stara-Zagora quand je lui apportai le 22 octobre une lettre où ce projet était exposé malgré la réserve de la forme hypothétique.

Et je ne suis pas bien sûr que l'état-major bulgare n'a pas, avec un certain machiavélisme, maintenu à Mustapha-Pacha la presque totalité des correspondants de guerre pour laisser jusqu'au der-

ınier moment aux Turcs l'illusion qu'on ne gardait
ɔces hôtes, héraults des gloires bulgares, sous les
ımurs d'Andrinople, que parce que ce serait là que
ɛse jouerait la grosse partie.

Certains d'entre nous, même munis du fameux
ɭlaissez-passer, la lettre blanche, qui permettait
ɔd'aller où bon semblait, furent pris à cette malice.
IIls restèrent quinze jours à Mustapha-Pacha, persua-
ɔdés que l'assaut allait être donné d'un moment à
ɭl'autre et qu'ils assisteraient ainsi à la chute de la
ɛseconde capitale de l'empire ottoman. Quand ils
ɔcomprirent leur erreur, il était un peu tard. Toute
ɭl'armée de l'est, les 3º et 1ᵉʳ corps, était depuis
ɭlongtemps à Tchataldja.

Pour ma part, trois raisons m'avaient décidé
ɛà quitter immédiatement Mustapha-Pacha pour
ɯrejoindre l'armée du général Ratko Dimitrieff.

La première est que je tenais coûte que coûte à
ɭfuir la cohue des 90 correspondants non pas que
dbeaucoup de mes confrères ne fussent du commerce
ɛle plus charmant, mais parce que les conditions
ɦdu travail seraient épouvantables. Tout le monde
ʌverrait la même chose. On serait parqué et, télégra-
ɋphiquement parlant, je ne pouvais pas lutter avec
ɭdes camarades auxquels leur rédaction avait donné

l'ordre de câbler quotidiennement 1.000 mots à triple taxe, soit un peu plus de 900 francs par jour.

La seconde est que le siège d'Andrinople n'offrait au point de vue militaire, stratégique et tactique, que le minimum d'intérêt. Les sièges sont les épisodes accessoires mais fastidieux d'une campagne et pour juger d'une armée, c'est sa partie « marchante » qu'il faut voir.

La troisième est que soupçonnant, dès Stara-Zagora, les intentions de l'état-major général bulgare, il avait suffi, à mon arrivée à Mustapha-Pacha, de quelques propos d'officiers amis qui, sans trahir le secret, avaient assez manifestement encouragé mon projet d'aller à la troisième armée pour que la vérité m'apparût. On ne ferait rien à Andrinople sauf de compléter de jour en jour l'encerclement en comptant sur la famine pour avoir finalement raison de la garnison. Cette garnison serait tenue en haleine par de petites attaques quotidiennes et pendant ce temps les meilleures troupes de la deuxième armée, insensiblement remplacées par des contingents de réserve, iraient rejoindre les 1er et 3e corps d'armée marchant sur Tchataldja [1].

1. Cela est si vrai que non seulement la 9me division (régiments 4, 17, 33 et 34) qui appartenait à la deuxième armée se

Les batteries de siège du secteur nord, celle que je devais voir en place en passant à Sükun, sur les hauteurs de Sintiou-Tepé, après avoir pendant quelques jours fait entendre leur grosse voix (et les obusiers Scheiner sont des basses profondes !) et indiqué aux Turcs qu'ils n'avaient aucune chance de percer de ce côté, seraient discrètement transportées à Tchataldja. Ce glissement par le nord n'était pas sans danger. Si les Turcs avaient pu se douter de ce qui se passait, ils auraient eu plus d'une occasion de surprendre les Bulgares au moment où ce remplacement de troupes s'opérait et où leur adversaire pris de flanc aurait éprouvé une gêne considérable à se défendre. Le secret fut heureusement gardé.

Il faut rendre cette justice à l'état-major général qu'avant la guerre personne n'a jamais su quoi que ce soit sur la concentration de l'armée telle qu'elle nous a été enfin révélée à Saraï. La nation a été soumise, pour arriver à ce résultat, à la plus formidable épreuve de stoïcisme que l'on puisse imagi-

---

trouva renforcer à Tchataldja les 17 et 18 novembre la troisième armée, mais qu'une brigade de cette division arriva assez à temps pour prendre part à la bataille de Lule-Bourgas (27 octobre, 2 novembre).

ner. Aucun officier même supérieur n'a connu sa destination. Il a été interdit à tout officier ou soldat d'envoyer de ses nouvelles aux siens. Aucun paysan des régions où avait lieu la concentration n'a été autorisé à quitter son village. On avait tendu devant la frontière un rideau composé des six régiments de cavalerie et des troupes dites de frontière. Nul n'a pu franchir ce cordon et apporter aux Turcs l'indication que ceux-ci se flattaient d'aisément obtenir, grâce aux nombreux musulmans établis en Bulgarie.

Et c'est ainsi que la première et la troisième armées concentrées autour de Jamboli, Stradja et Kizil-Agach ont pu porter leur coup décisif sur Kirk-Kilissé avant que les Turcs aient eu le temps de s'y reconnaître. Ils croyaient le gros de l'armée bulgare à l'ouest de Mustapha-Pacha entre Philippopoli et Harmanli.

Nous ne nous occuperons ici pour ainsi dire que de la troisième armée, celle que commanda le général Ratko Dimitrieff et qui a fourni le principal et le plus significatif effort. La deuxième armée est demeurée autour d'Andrinople. Quant à la première, elle ne devait pas tarder à entrer en contact étroit avec la troisième armée et agir avec elle de concert, comme on le verra par la suite.

Il faut cependant ajouter que la première armée a eu les honneurs des premiers engagements sérieux de la campagne. Comme je l'ai raconté à la page 148, la première armée, devançant la troisième, prit dès le 22 contact avec l'armée turque à Seliolou et autour d'Ortachi. Sa mission était alors de jouer le rôle de flanc-garde pour la troisième armée qui allait opérer sur Kirk-Kilissé et de couper cette place d'Andrinople. J'avoue ne pas savoir encore exactement ce qui s'est passé, car comme des informations prises sur place (voir page 144) montrent qu'il a fallu une coopération intime de l'aile droite de la troisième armée (42ᵉ et 41ᵉ régiments de la troisième division) avec l'aile gauche de la première armée (16ᵉ et 25ᵉ de la 1ʳᵉ division) et comme d'autre part l'état-major de la troisième armée ne nous a pas fait la moindre allusion à ces combats qui furent pourtant sévères (50 morts et 348 blessés), on en est réduit aux hypothèses. Personne n'ayant assisté à cette première phase de la guerre il faudra attendre la publication officielle que l'état-major bulgare éditera quelque jour.

Il demeure cependant acquis que la première

armée, devançant d'une journée de marche la troisième, et descendant parallèlement et conjointement avec elle vers le sud, eut le mérite de couper
l'envoi des renforts d'Andrinople vers Kirk-Kilissé
et d'isoler ainsi la place forte qui n'allait pas tarder à tomber entre les mains des Bulgares.

Pour en revenir à la troisième armée voici
l'exposé sommaire qui nous a été officiellement
fait.

Dès la déclaration de guerre, la troisième armée
s'avance à marches forcées par six routes parallèles vers la frontière de Kirk-Kilissé. L'opération
sur cette place forte devait se faire par l'ouest et
non, comme on l'a raconté, de tous les côtés à la
fois.

La déclaration de guerre avait eu lieu le 18
octobre. Le 21, la première partie de la troisième
armée passait la frontière entre Tolchoubaïr et
Odjakeui occupant ainsi un front de marche de 22
kilomètres. Le lendemain 22 les colonnes pre-
naient la direction de Kirk-Kilissé. L'état-major
bulgare avait envisagé les diverses hypothèses de
la résistance ennemie. Ou bien les Turcs atten-
draient l'assaillant sous Kirk-Kilissé, ou bien se
porteraient en avant. Les Turcs, d'autre part,

pouvaient recevoir des renforts d'Andrinople ou de Bounar-Hissar.

Il fallait donc choisir entre le siège régulier et l'attaque forcée et en tout cas manœuvrer de façon à empêcher les renforts d'arriver.

L'attaque se dessina comme suit :

L'armée bulgare se mit en marche sur les deux rives de la Teké-Deré, le flanc droit à 12 kilomètres à droite, le flanc gauche à une égale distance à gauche. On conservait donc un front de marche d'environ 25 kilomètres.

A l'extrême-droite une division se dirigeait sur Omar-Abbas et Tchechmekeui.

Au centre droit une division suivie d'une autre division de seconde ligne descendait vers Karamza.

Au centre gauche une division suivie d'une autre division de seconde ligne marchait sur Ere-Kleri.

A l'aile gauche enfin une division avait pour objectif Kidikeui. On voit sur le croquis annexé[1] que les quatre colonnes devaient atteindre à la fin de la journée une ligne de positions parallèles, à une quinzaine de kilomètres au nord de la ligne Seliolou-Kirk-Kilissé.

____

1. Planche n° I.

Les colonnes du centre, plus fortes chacune d'une division, avaient pour mission l'attaque de front de la plus forte ; les colonnes d'extrême-droite et d'extrême-gauche devaient déborder et empêcher l'arrivée des renforts.

Notons enfin que des reconnaissances se portaient en extrême flanc-garde de gauche le long de la mer Noire.

Le contact. — Dès cette journée 22 octobre, les colonnes du centre prennent contact avec l'ennemi. Celle de droite rencontre les Turcs fortement retranchés sur la ligne nord-est sud-ouest de Eski-Poloch, à leur droite le long du ravin de la Douvna-bounar. Celle de gauche les trouve à l'ouest de Erekleri. Ils ont là, pendant toute la journée, reçu des renforts de Kirk-Kilissé.

La colonne de droite repousse avec son flanc droit les forces turques qui prennent la position nord-sud Eski-Poloch-Petra en gardant Eski-Poloch comme pivot, position également très forte (23 octobre). Pendant ce temps la colonne de gauche livre bataille à Erekleri et force les Turcs à se replier d'environ 4 à 5 kilomètres.

La colonne d'extrême droite a rencontré au nord

de Seliolou des renforts allant d'Andrinople à Kirk-Kilissé, les a arrêtés et refoulés en arrière.

Quant à la colonne d'extrême-gauche, par suite des difficultés du terrain, elle n'a pas pu à la fin de la première journée dépasser Almatchik, sans avoir pris contact.

Le 23 octobre. — Le lendemain le combat s'engage sur le front Eski-Poloch-Erekleri dès six heures du matin. L'ennemi garde ses positions qui sont très fortes, le terrain montagneux, rocheux, escarpé rendant les assauts difficiles. Les Bulgares avancent peu. Cependant au soir ils occupent la ligne du cours inférieur de la Teké-Deré, en un demi-cercle qui va jusqu'à Karakaia.

Les Turcs se trouvaient maintenant refoulés dans le périmètre immédiat de Kirk-Kilissé.

La nuit du 23 au 24 octobre. — Il avait fait pendant toute la journée un temps épouvantable et le soir la pluie avait redoublé. Cette intempérie ne devait pas arrêter l'armée bulgare, au contraire, et elle devait, dès ces premières journées, adopter la tactique qui trouve le soldat turc le moins bon dans la défensive : le mauvais temps et la pluie.

Vers huit heures du soir, la colonne du centre gauche lançait deux bataillons en avant. En même temps la colonne d'extrême-gauche qui dans la journée était arrivée à Kidikeui s'avançait sur Achmatcha en suivant les crêtes et participait à l'attaque de nuit. L'ennemi surpris se débanda. Pris de panique, au lieu de se replier autour des forts de Raklitza et Skopo, au lieu d'occuper les tranchées et les redoutes préparées devant ces ouvrages, il prit en désordre la route de Baba-Eski et de Bounar-Hissar, semant la terreur dans la garnison demeurée à Kirk-Kilissé où une partie des fuyards était venue raconter la terrible attaque de nuit bulgare.

Du côté bulgare, on n'avait nullement prévu cette déroute et l'obscurité n'avait pas permis de s'en rendre compte. On croyait l'adversaire dans Kirk-Kilissé, prêt à une résistance acharnée.

Le 24 octobre. — Quand, le lendemain, matin à six heures, l'ordre d'avancer prudemment fut donné, une surprise attendait l'assaillant. L'ennemi avait disparu. Une infime arrière-garde était restée. On en eut facilement raison. La fameuse place-forte était aux mains des Bulgares.

La déroute. — J'ai déjà raconté dans de précécédentes correspondances la déroute qui suivit le combat du 23 et comment le chemin de Kirk-Kilissé à Jana était le témoignage de l'affolement qui régna cette nuit-là. Un détail que je ne connaissais pas est que les fuyards rencontrèrent à Uskub Deré, à mi-chemin entre Bounar-Hissar et Kirk-Kilissé, des renforts qu'on leur envoyait et auxquels ils firent rebrousser chemin.

Après la prise de Kirk-Kilissé

Le 25 octobre. — L'armée bulgare, après avoir pendant deux jours perdu le contact et s'être reposée à Kirk-Kilissé, reprit sa marche en avant, en se développant en demi-cercle convexe au sud de Kirk-Kilissé.

Son avant-garde s'était la veille portée à Kavacli, Assam-Begli et Uskub-Deré[1].

Ce jour-là, le 25, l'armée bulgare se portait (de droite à gauche) sur les lignes Enimal, Chiflik Mandra, Kavac-deré, Uskub-deré. Elle ne rencontrait cependant personne devant elle. La cavalerie

1. Voir carte n° II.

était pendant ce temps envoyée vers le Sud avec mission de couper la ligne du chemin de fer Constantinople-Salonique (elle y réussit et prit quelques trains de munitions et d'approvisionnement).

Le 26 octobre. — La cavalerie poussant sa reconnaissance plus au Sud jusque vers Rodosto acquit la conviction qu'il n'y avait pas de troupes turques dans cette direction. Ce renseignement immédiatement transmis au quartier de la 3ᵉ armée détermina le général Ratko Dimitrieff à faire faire à toute son armée un mouvement tournant vers l'Est, en gardant l'avant-garde qui est à Uskub-deré et la division qui marche à l'aile gauche sur Bounar-Hissar comme pivot de sa manœuvre. Cette division avait pour mission de retenir l'ennemi que l'on supposait, à juste raison d'ailleurs, massé derrière Bounar-Hissar, jusqu'à l'arrivée en ligne des autres divisions.

Ce nouveau front prenait une extension considérable, l'aile gauche étant en marche d'Uskub-deré sur Bounar-Hissar et l'aile droite devant se mettre en ligne à Lulle-Bourgas.

Cette aile droite avait donc à faire une conversion

d'une extrême amplitude depuis ses positions du
25 octobre.

Cette division de l'extrême-droite opérait son
mouvement sur Lulle-Bourgas en même temps
que la 1re armée, qui quittait le front d'Andrinople
où elle était remplacée par une partie de la
2e armée et se dirigeait également sur Lulle-Bourgas en prenant le sud de la voie ferrée.

La division de l'extrême-droite, vu l'absence de
chemins, se trouva donc très en retard et la division de gauche opérant seule sur Bounar-Hissar
se trouva en face de forces très supérieures. Elle
s'était fortifiée sur la ligne de Bounar-Hissar-Mou-
ragach et pendant deux jours eut à supporter les
assauts de l'ennemi. Cela se passait le 28 et le
29 octobre. Cette division, la 5e, deux fois repous-
sée après des combats meurtriers réussit cepen-
dant à maintenir sa position à Bounar-Hissar, clef
de l'audacieux mouvement de conversion du général Ratko-Dimitrieff.

Le 29 octobre. — Ce n'est que le 29 octobre au
soir que la 3e armée arriva sur sa ligne d'attaque
sur la rive droite de la Karagach-deré de Lulle-
Bourgas à Bounar-Hissar.

Les Turcs occupaient sur la rive gauche une position très forte, la rivière, marécageuse, étant difficile à franchir et la rive droite n'offrant aucun abri à l'infanterie bulgare et aucune crête derrière laquelle son artillerie pût s'établir.

L'armée bulgare commença son attaque dès son arrivée et le combat dura pendant toute la nuit du 29 au 30 et toute la journée du 30.

Le 30 octobre. — A ce moment la première armée entrait à son tour en ligne sur le front (du Nord au Sud) Santari (3 kilomètres au nord de Lulle-Bourgas) Lulle-Bourgas-Dusoubatch.

Les deux armées bulgares occupaient alors un front de 40 kilomètres.

Ce même 30 octobre une des brigades bulgares arrivait à forcer la ligne de l'ennemi dans la direction de Tourgbey-Satikeui[1]. Ce fut encore grâce à une attaque de nuit. Les Bulgares se fortifièrent dans la position conquise et attendirent.

Le 31 octobre. — Au matin, la brigade bulgare reçut le renfort de son artillerie. Ce même jour,

____

1. Voir carte n° III.

la 1ʳᵉ armée poussant son flanc droit en avant occupait avec quelques batteries le village de Musselim (sud-est de Lulle-Bourgas, sur la ligne de chemin de fer). De là elle prenait de flanc l'aile gauche de l'ennemi et le forçait à se retirer.

Le 1ᵉʳ novembre. — Le centre de la 3ᵉ armée bulgare placée devant Karagach, voyant le succès du flanc droit, fonçait directement suivant les méthodes françaises et forçait l'ennemi à se retirer.

Les Turcs mettaient une bonne distance entre l'adversaire et eux. On aurait pu croire qu'ils s'étaient reformés soit derrière Viza soit derrière Saraï. Ils prirent tout simplement le chemin de Constantinople, décidés à se retrancher derrière la fameuse ligne des forts de Tchataldja.

C'est là que l'armée bulgare allait les retrouver.

CHAPITRE XI

SUR LES LIGNES DE TCHATALDJA

13 novembre.

Quel émouvant et pittoresque décor que celui
de la petite salle de cette maison d'Emenikeui où
nous prenons nos repas. Ce devait être une invraisemblable gargote-bazar, un café où dans un coin
quelque figaro rasait le crâne et écorchait le men-
ton, car il est resté une vitrine, où, mélancoliques,
des flacons vides d'une problématique eau de
Cologne gisent en travers de carreaux cassés et un
fauteuil à bascule atteste la récente présence d'un
barbier. Au mur il y a encore des images turques,
genre Épinal, où l'on voit des cavaliers arabes
sabrant des bersaglieri devant Tripoli tandis qu'un
dirigeable décoré du croissant ottoman plane au-
dessus de cette glorieuse chevauchée. Plus loin ce
sont des tableaux-réclames pour des machines

agricoles allemandes dont un dépôt est à Andrinople, ou pour un savon berlinois. Sur une étagère
derrière le comptoir où l'on débitait du café, se
trouvent les jeux de cartes épais et crasseux que
les derniers consommateurs manièrent avant la
fuite éperdue vers Constantinople. Ce sont des
cartes grossières et bon marché que Grimaud
fabrique pour l'exportation et sur l'as de carreau
il y a une vue de la *Bourse à Paris* et le *Jardin
des Tuileries à Paris!* Les Turcs sont grands ama-
teurs de jeux de cartes. Partout où j'ai passé,
dans tous les villages l'armée en fuite a semé des
cartes à jouer. Dans la gargote d'Ermenikeui,
qu'éclaire, le soir, une méchante lampe à pétrole,
le propriétaire a laissé un pauvre serin qui, dans
sa cage suspendue au plafond, reste tout le jour
silencieux. Quelque soldat bulgare charitable doit
lui donner des miettes de notre mauvais pain, car
la pauvre bête abandonnée vit tout de même.

A voir ce café misérable dans cette bourgade si
proche de Constantinople, au centre d'un pays dont
la richesse du sol aurait dû assurer la prospérité
si on l'avait un tant soit peu exploité ou préparé
pour l'exploitation, on comprend la faute capitale
du caractère oriental, la paresse. C'est l'éternel

fatalisme, le laisser-aller, la rêverie. Prévoir, agir, secouer l'indolence sont choses impossibles. Les osmanlis ont été autrefois des conquérants. Ils se sont assoupis dans leur conquête. Il ne leur est resté que la force des faibles : la cruauté. Ils savent encore massacrer des villageois, incendier des masures, achever des blessés après les avoir mutilés, comme l'attestait devant moi ce médecin principal qui, à Tchongara et Saoudjak, a trouvé 72 et 50 blessés bulgares avec les oreilles et le nez coupés, les yeux crevés. Quelle honte doivent ressentir les Turcs intelligents, cultivés, et j'en ai connu de fort distingués, devant cette sauvagerie de leur armée. Combien ils doivent souffrir de cette horreur qui ne permettra pas la sympathie européenne et le sauvetage partiel de l'empire qui s'effrite. Indolence et cruauté d'un côté, énergie et humanité de l'autre, le contraste est frappant. A Kirk-Kilissé, Mouktar pacha, commandant le corps d'armée de la place forte, a des caisses pleines de confiserie. A Ermenikeui les deux généraux des 1er et 3e corps d'armée bulgares déjeunent avec nous au milieu de leurs officiers dans le petit café crasseux. Ils sont au régime commun, ils avalent le brouet jaune où le vinaigre trace des sillons rouges, la viande, fraîche à décourager l'industrie de Sheffield, et boivent, comme tout le monde, de l'eau bouillie encore chaude, excellent remède contre l'obésité et la fièvre typhoïde, mais émétique accidentel. Pas de cérémonial, pas de chamarrures, pas de piquets d'honneur. Ce n'est pas une parade de guerre, ni une guerre de parade. La Bulgarie n'a pas d'hommes superflus pour la mise en scène. Un inspecteur des finances et un sous-préfet essuient des assiettes et comptent des boules de pain. Pas de carotteurs, pas d'embusqués. Il y a des gens dont la fatigue, l'épuisement font peine à voir. Le visage creusé, les yeux fiévreux, les joues couvertes d'une barbe d'un mois leur donnent des allures de brigands ; nul n'est pourtant découragé, au contraire ; on marche vers Tchataldja, vers Constantinople jusqu'à l'épuisement. Cette armée n'a presque pas de traînards. L'autre jour, quand j'ai accompagné le général Ratko Dimitrieff pendant une partie de l'étape de Saraï à Strandja, c'est à peine si nous en avons dépassé une vingtaine. Le général s'arrêtait et les interrogeait avec bienveillance. Leurs regards s'illuminaient. Quelques attaques de dysenterie, quelque mal au pied les avaient seuls arrêtés. Ils repartaient avec la volonté de rejoindre leur corps, de prendre part à la bataille décisive. Or dans ce pays sans routes, où il faut se frayer un chemin dans la boue, au travers des fourrés, où la monotonie du paysage qu'aucun village, aucun accident pittoresque de terrain ne vient égayer, 25 kilomètres d'étape représentent un effort considérable.

Je me rappellerai toujours un isolé, un pauvre garçon maigre et pâle, exsangue, rencontré dans la descente avant Strandja. Il titubait presque sous le poids de son sac et de son fusil et on avait l'impression angoissante qu'il allait d'un instant à l'autre s'effondrer. Il était tout seul, sans compagnon pour l'encourager, sans espoir de pouvoir trouver une place sur une charrette, toutes ayant le maximum de charge et il avançait tout de même, les yeux perdus dans un rêve. Son fusil qu'il portait, le canon en avant, sur l'épaule, lui servait pour ainsi dire de balancier. Il n'avait, et cela est significatif, rien abandonné de son équipement et il suivait, inlassablement, l'ornière creusée par les roues des canons. Ira-t-il jusqu'au bout ? Retrouvera-t-il jamais la paix de son village, la douceur de son foyer ? Qu'importe, il avance parce que tous ses frères avancent vers la victoire et vers la mort.

14 novembre.

Hier, entre deux et trois heures de l'après-midi, le canon a retenti à la cantonnade. Ce doivent être les forts turcs où les canonniers, nerveux de l'attente qui se prolonge, sentant l'ennemi tout proche, tirent sur les avant-postes ou sur les crêtes où ils devinent des batteries qui s'installent. Ce sont peut-être aussi les navires de guerre turcs qui, dans la mer de Marmara ou dans la mer Noire, cherchent à empêcher l'avance bulgare le long de la côte, manifestation un peu vaine, d'ailleurs, car les quelques patrouilles qui circulent près du rivage sont des cibles bien minuscules.

Pendant ce temps, les dernières batteries d'obusiers Schneider se rendent sur la ligne d'attaque. On les attendait pour commencer, et les difficultés du transport ont seules retardé l'action.

Comment se fera-t-elle ? Je n'ai pas eu, et pour cause, l'indiscrétion de le demander, mais quand on examine la carte au 126.000ᵉ voici ce que l'on remarque : La presqu'île se resserre à l'est du village de Tchataldja entre deux lagunes. Au nord, une région montagneuse. Au sud, une région marécageuse ; au centre, une plaine étroite avec une rivière, la Karasou et divers petits affluents, plaine qui n'est traversée que par trois routes ayant des ponts sur la rivière. Il n'y aurait même qu'un seul pont digne de ce nom, les deux autres étant d'un passage problématique pour l'artillerie.

La position servie par une telle configuration du terrain est par elle-même exceptionnellement forte. Les Turcs, depuis fort longtemps, l'ont doublée à l'est de la rivière d'une série ininterrompue d'ouvrages défensifs.

Tchataldja a, dans ces conditions, toujours été considérée comme une ligne infranchissable. Il n'y a pas de mouvement tournant possible. Il faut faire bélier et passer. Que l'on puisse passer, l'état-major bulgare n'en doute pas puisqu'il prépare son effort en conséquence. Comment y parviendra-t-il ? Voilà le problème.

Les Turcs considérant que la région sud, celle des marécages, est matériellement infranchissable, que celle du centre avec ses rares chemins et son pont unique ne l'est pas moins, attendent l'attaque bulgare au nord et ont en conséquence massé, comme le service d'espionnage vient de nous l'ap-

prendre, toutes leurs réserves derrière les forts de
cette région nord.

Les Bulgares répondront-ils à cette attente ?
C'est assez vraisemblable, mais je ne serais pas
étonné que l'effort eût lieu sur tout le front et en
particulier sur la ligne du chemin de fer et sur la
route qui part de Tchataldja et traverse la rivière
directement à l'est. En s'emparant en effet des
hauteurs qui sont autour du village de Tchataldja,
on commande les forts turcs dont le plus éloigné
est à 9 kilomètres et les autres à 4 et 6 kilomètres. Les obusiers du Creusot peuvent très bien
nettoyer la défense dans un tel rayon, et la route
de la plaine, considérée comme infranchissable,
peut servir pourtant de passage à l'armée bulgare.
Cela n'est certes qu'une hypothèse, mais l'offensive bulgare m'a habitué à voir résoudre les pro-
blèmes d'une façon si inattendue que je crois permis de la risquer.

Les Bulgares, ne disposant que d'un front d'attaque très réduit, n'ont pas d'intérêt à masser leurs
troupes en profondeur et à s'obstiner sur un seul
point. Ils doivent tâter la défensive sur tous les
points avec la chance de trouver quelque part le
défaut de la cuirasse.

L'heure est maintenant proche. Puisse, pour la gloire de cette campagne sans précédent, l'effort bulgare ne pas s'émousser sur un rempart trop dur pour sa vaillance.

Ermenikeui, 15 novembre.

Ce sont nos derniers jours dans ce petit village d'Ermenikeui (la bourgade des Arméniens) ; depuis ce matin la mise en place des batteries est terminée ; le beau temps a favorisé ce travail difficile dans ce pays sans chemins. Les caissons supplémentaires sont arrivés à bon port. L'infanterie a déjà fait ses bonds en avant. Elle est sous le nez des canons turcs. On est prêt. Le rideau va se lever sur le dernier acte.

J'ai parlé de cette fameuse ligne de défense de Tchataldja, cette série ininterrompue d'une quarantaine de forts qui va de la mer Noire à la mer de Marmara et qu'il s'agit, pour l'armée bulgare, de forcer.

Le forcément de Tchataldja (la ligne des forts porte ce nom général en raison du village de Tchataldja qui se trouve au sud de la voie ferrée, dans le milieu de la ligne) coûtera cher à l'armée bulgare. Mais quel est donc cet officier qui me

disait récemment : « Nous perdrons là beaucoup
de monde, mais nous allons créer une tradition à
nos descendants. Les petits Bulgares de l'avenir
apprendront que leurs ancêtres ont grandi la patrie
libérée en prenant Constantinople. C'est plus
qu'une gloire, c'est une source éternelle d'énergie
que nous leur donnerons. A ce prix, le sacrifice ne
sera pas trop cher. » Et en transcrivant cette
phrase la grandeur des heures que nous vivons
m'apparaît plus nettement que jamais. C'est en un
mois l'effondrement du colosse turc, la question
d'Orient transformée, lézardée, et tout cela si rapidement, si simplement que l'imagination a peine
à le réaliser.

Je voudrais vibrer davantage, mais le recul me
manque. Je sens que c'est de l'histoire, de la très
grande histoire que je vis et pourtant c'est la raison
seule qui me l'indique.

J'ai eu pourtant ce soir la première et réelle
émotion nerveuse de cette campagne, car quoi qu'on
pense, la rencontre des cadavres sur la route ne
produit très vite plus aucun effet. Cela rentre dans
le domaine des choses normales, prévues, des
impressions que l'on s'était préparé à avoir et l'on
ne réagit pas violemment. Il suffit, au contraire,

d'une sensation inattendue pour en intensifier l'effet. Ce n'est pas la vieille lettre cherchée au fond du tiroir, c'est celle qu'on ne savait pas y être qui déclanche les larmes.

Or ce soir, arrivé à la gargote un peu avant l'heure de dîner, j'entrai dans la salle où le général Ratko Dimitrieff avait déjà pris place. Devant lui, un officier d'ordonnance lisait à haute voix, éclairé par une bougie, un numéro du journal bulgare *Outro* (Demain) vieux de huit jours qui reproduisait les récits de la bataille de Bounar-Hissar par un journaliste anglais qui se trouvait du côté turc.

Derrière le lecteur on se pressait pour entendre, car nous étions depuis longtemps privés de nouvelles et d'ailleurs le récit de M. Ashmead Bartlett, correspondant de guerre du *Daily Telegraph*, était d'un intérêt passionnant. Voici d'ailleurs cette page *in extenso* :

Le 30, au petit jour, Abdullah et son état-major étaient sur pied; nous avions tous passé une nuit détestable dans le village de Sakiskeui. Le froid intense avait encore augmenté notre appétit, mais impossible de rien se procurer; les officiers généraux, les troupes, dont les entrailles étaient tiraillées par la famine, étaient, comme on le voit, peu en état de se battre.

Ce n'est pas tout. L'artillerie étant presque entièrement dépourvue de munitions, un désastre devenait certain, à moins de pouvoir faire opérer par le 3° corps (le corps de Mahmoud Moukhtar) une diversion sur le flanc gauche de l'adversaire.

On apprit alors que les Bulgares, qui eux aussi avaient eu à souffrir de privations continuelles et du froid, avaient eu cependant le courage de rassembler des masses imposantes entre Tourgbey et Karagatch. Pour lutter contre ces forces considérables, Abdullah pacha n'avait pas un seul bataillon frais et dispos pour soutenir les forces de Chevket Torghout, commandant du 2° corps. Le salut n'était dans ce cas possible qu'à une condition : tenir bon pour le 2° corps jusqu'à l'arrivée des troupes de Mahmoud Moukhtar.

Quelques heures après recommençait une lutte que ni Bulgares ni Turcs ne semblaient désirer.

Vers huit heures du matin, les canons bulgares se mirent à tonner sur toute la ligne s'étendant de Lule-Bourgas à Karakarli. Malgré des dépenses énormes de munitions le jour précédent, l'ennemi paraissait toujours admirablement approvisionné. Le fracas de toutes ces pièces était formidable. Cela dura des heures et la justesse des tirs bulgares fut parfaite.

Abdullah pacha comprit que l'ennemi songeait à enfoncer ou à tourner l'aile gauche turque. Appuyé par le 4° et le 1er corps il résolut d'attaquer avec le centre (maintenant le 2° corps) et d'écraser l'aile gauche de l'ennemi en jetant sur elle tout le 3° corps (Mahmoud Moukhtar). En attendant l'arrivée du corps de Viza, Abdullah commanda à Chevket pacha de marcher de l'avant avec toutes les troupes du 2° corps ou plutôt avec les restes des bataillons décimés.

L'infanterie turque poussa si vigoureusement son attaque qu'on put croire un instant au succès, mais au moment où les troupes se disposaient à enfoncer la ligne des retranchements bulgares, elles furent de nouveau accueillies à coups de fusil, de canon, et elles battirent en retraite dans le plus affreux désordre.

Sur les autres points, les lignes turques fléchirent et à deux heures de l'après-midi l'armée d'Abdullah se trouvait dans une situation extrêmement critique, la cavalerie de Salih pacha n'ayant pu arrêter la marche en avant des Bulgares qui avaient quitté tous leurs retranchements et s'avançaient en trombe à la poursuite des Turcs.

Des messages étaient arrivés avec la nouvelle que Mahmoud Moukhtar chassait l'ennemi devant lui, que rien ne lui résistait, et que durant l'après-midi il pourrait venir appuyer la gauche du 2ᵉ corps d'armée turc.

Cette nouvelle ranima les espérances de l'état-major et durant une heure toutes nos lorgnettes étaient dirigées dans la direction d'où devait déboucher le 3ᵉ corps.

Dans le nord-est la bataille se poursuivait furieuse. Il était évident que les Bulgares avaient détaché de grands renforts du front du 2ᵉ corps et qu'ils avaient fait entrer en ligne des troupes fraîches qui concentraient toutes les forces disponibles pour résister à Moukhtar.

Je n'ai jamais entendu pareil bruit d'artillerie. Mahmoud avait concentré toutes ses pièces et certainement l'artillerie turque avait l'avantage du nombre. Rien n'y fit. L'artillerie bulgare eut vite fait de prendre l'avantage d'une manière qui a provoqué la stupéfaction.

A trois heures de l'après-midi, il devenait clair que le mouvement offensif de Mahmoud était complètement arrêté et un mouvement de recul se dessinait

Quant à Abdullah pacha, ayant à diriger une armée étendue sur un front de 50 kilomètres, sa tâche était des plus difficiles. Pour savoir ce qui se passait, il n'avait que le secours de ses officiers d'ordonnance; pas une ligne de télégraphie ou de téléphone, pas un seul appareil de télégraphie sans fil, et cependant sur le papier l'armée turque possède douze appareils de télégraphie sans fil ; pas un effort n'avait été fait pour établir des relais de messages, pour relier le quartier général aux divers corps d'armée; pas un seul aéroplane.

Durant toute la journée, Abdullah pacha resta sans une information, excepté ce qu'il pouvait savoir en détachant des officiers d'ordonnance auprès des chefs de corps d'armée. Je n'ai vu qu'un officier d'ordonnance venir à lui avec un message durant toute la journée. J'en conclus que les commandants de corps d'armée ne se sont même pas donné la peine de communiquer avec leur chef.

A trois heures, le mouvement offensif de Mahmoud était complètement arrêté. Abdullah et son état-major reconnurent clairement que la situation était presque désespérée. Napoléon n'a certainement pas attendu Grouchy à Waterloo avec plus d'anxiété qu'Abdullah ne suivit le mouvement offensif de Mahmoud.

Maintenant il devenait évident que la bataille était perdue si les lignes ennemies n'étaient pas brisées en face du 2ᵉ corps.

A sept heures, la position de l'armée turque était la suivante : l'aile gauche était complètement enveloppée. Le 2ᵉ corps, bien que résistant encore, malgré un terrible feu d'artillerie, semblait incapable d'un mouvement offensif. A l'extrême droite, le 3ᵉ corps était aussi tenu en échec. Ainsi donc, si Moukhtar était rejeté en arrière, si les 4ᵉ et 1ᵉʳ corps cédaient encore du terrain, le 2ᵉ corps, situé au centre de l'arc de cercle, était en danger d'être coupé et enveloppé sur ses deux ailes.

Cependant, d'un autre côté, la position stratégique des Bulgares était elle aussi extrêmement dangereuse, car ils avaient été obligés de détacher de leur extrême aile gauche de larges renforts de soldats et d'artillerie pour résister au 3ᵉ corps.

Ainsi, les Bulgares avaient passé au flanc droit du 2ᵉ corps d'armée qui se trouvait presque complètement à son arrière. Il restait encore à Abdullah une chance de rétablir sa fortune : attaquer l'ennemi en face du 2e corps; si l'attaque réussissait, les forces bulgares attaquant Mahmoud Moukhtar et le 3e corps auraient été prises de flanc et en arrière, et leur retraite sur le reste de l'armée eût été coupée.

Attaquée de front par Mahmoud Moukhtar, en arrière par Chevket Torghout, la position des Bulgares serait devenue extrêmement critique.

Déjà, dans la matinée, si le généralissime turc avait eu un corps de troupes fraîches et quelques batteries d'artillerie à sa disposition il eût pu sauver la journée.

Abdullah se décida à risquer un effort final en faisant appel à son 2e corps. Les officiers d'ordonnance partirent dans tous les sens, ordonnant une avance immédiate.

Les soldats fatigués, le moral presque anéanti, se traînèrent encore une fois sur le sol couvert de cadavres de leurs camarades. Cette fois, aucune ligne de tirailleurs ne fut formée. Le corps d'armée tout entier ou ce qui en restait se mit en mouvement en formation serrée vers le point du plateau où le matin même elle avait subi des coups désastreux.

A peine l'ennemi l'avait-il vu qu'il concentrait sur lui le feu de douze batteries d'artillerie. Les colonnes turques hésitèrent, puis se brisèrent et se rabattirent précipitamment en arrière. En vain fit-on des efforts pour endiguer leur retraite, aucune réserve en ce moment n'eût pu y parvenir. L'impossible était demandé.

Cependant les fugitifs s'arrêtèrent, les rangs se reformèrent, les corps d'armée tinrent bon pendant deux heures jusqu'à la nuit.

La bataille était perdue.

Pendant que cette lecture se poursuivait au milieu

d'un religieux silence, la musique du 34ᵉ régiment d'infanterie, arrivé dans l'après-midi à Ermenikeui, s'était rassemblée sur la petite place devant notre restaurant (?) et soudain elle attaqua une de ces marches militaires slaves d'une si puissante mélancolie, malgré fifres et tambours. Le général leva les yeux ; le lecteur s'arrêta et nous eûmes un frisson. C'était un instant d'épopée, la dernière aubade avant la bataille dont tant d'hommes jeunes, de ceux-là peut-être qui se pressaient sur cette petite place boueuse de village, dans cette salle même, ne reviendraient pas.

Les musiciens, éreintés par une journée de marche, y voyant à peine, éclairés par une seule torche centrale, jouaient faux et c'était pourtant d'une immense beauté.

Pour nos nerfs tendus à l'extrême ce fut l'irrésistible vibration, tant il est vrai qu'il y a dans la musique un pouvoir indéfinissable. Elle dit ce que rien d'autre ne peut exprimer.

J'ai eu à ce moment-là comme une nostalgie de mon home lointain, comme un besoin de réentendre d'autres musiques qui intensifièrent certaines heures de ma vie, une sorte de lâcheté physique, d'amollissement de tout l'être épris de sensations affinées. Cela remuait en moi brusquement trop d'images.

Pendant le dîner, qui fut plus copieux que d'ordinaire, un vin vinaigré remplaçant l'eau chaude, il y eut comme une fièvre générale. Mon voisin, le colonel russe Wladimir de Dreyer, et Nemirovitch Dantchenco burent à l'alliance franco-russe. Aux autres tables les propos s'échangeaient bruyants tandis que, dehors, derrière le gros volet de bois, la musique militaire continuait à jouer avec de brusques déchirements de cuivres et des phrases sifflantes de flûte. Et tandis qu'elle terminait son petit programme, je revoyais le défilé de tant de régiments sur ces horribles chemins de Thrace et de Macédoine. Je revoyais ces visages de paysans partis pour la croisade, la *dernière croisade,* avec tant de fatalisme et tant de fanatisme slaves, héros obscurs d'une des guerres décisives de l'histoire, je revoyais toutes mes étapes, les routes jalonnées des trophées de la déroute, les villages incendiés, les interminables convois, les camps turcs abandonnés, les cadavres enfouis dans la boue, le petit traînard isolé dans la descente de Strandja, la désolation et la misère ; et les pas redoublés donnaient à tout cela, à cet afflux

soudain des souvenirs, le ton dont je n'avais pas
eu la révélation jusqu'ici, la sensation de la mort
glorieuse et de la vanité de tout le reste.

16 novembre.

Ce matin le soleil est venu nous rendre visite
dans la petite chambre que nous habitons, Segonzac et moi. C'est une joyeuse surprise qui nous
semble de bon augure. Notre longue attente de
l'action nous pèse. Voilà quatre jours que nous
sommes ici et cela nous paraît terriblement long.
Notre arrivée à Ermenikeui le 12 au soir avait été
triste. Après une longue chevauchée depuis
Strandja, perdus dans une immense forêt de grands
buissons auxquels l'automne avait donné les plus
féeriques teintes, après avoir traversé des ravins
où coulaient des ruisseaux d'une exquise transpa-
rence, après avoir atteint, comme des explorateurs
égarés dans une contrée déserte, la voie de chemin
de fer de Constantinople, signe de la proche civilisation, après avoir rejoint un régiment d'artillerie
donnant le dernier coup de collier dans d'invraisemblables ornières, nous étions arrivés à Ermenikeui à la nuit tombante. L'état-major ne nous avait
précédé que de quelques heures. Rien n'était

organisé. La commission de logement ou pour
mieux dire l'unique officier chargé de ce soin
n'avait pas eu le temps de reconnaître les immeu-
bles (?)... dont il pouvait disposer et nous étions
restés, mélancoliques, assis sur une grosse pierre,
la bride de notre cheval passée dans le bras, attendant un toit et les chars à bœufs portant nos
bagages. Rien n'arrivait, nous n'avions rien,
même pas une couverture pour nos chevaux en
sueur, même pas une boîte de conserves dans nos
fontes et il ne me restait que deux cigarettes. Un
lieutenant du 44° arrivé la veille avait eu pitié de
nous et nous avait amenés dans une petite baraque
en nous offrant pour la nuit l'hospitalité de l'antichambre. Tant bien que mal nous avions bouché
les fenêtres et j'avais trouvé pour Moustafa, mon
fidèle et philosophe coursier, un vieux sac que
j'avais sanglé autour de ses reins avec les courroies
de mes étriers. Puis les affaires s'étaient arrangées.
Le commandant du 44°, le lieutenant-colonel Rat-
koff, nous avait invité à dîner, un repas bien-
venu qui fut marqué par l'effondrement successif
de la chaise pliante du pope et de celle de notre
hôte.

J'avais pour siège un petit tabouret de bois dont

mes deux jours de dysenterie à Saraï et les deux dures étapes Saraï-Strandja et Strandja-Ermeni-keui me faisaient cruellement sentir la rudesse. Je me tortillais sur le tabouret comme un pianiste en délire et prenais très peu d'intérêt à la rare faveur d'un dé à coudre d'eau-de-vie de Silistrie, rapporté au péril de ses jours par un cavalier qui avait tenté une pointe jusqu'à la mer de Marmara. Tard dans la soirée une partie des bagages étaient arrivés et nous avions, enfin, pu nous coucher en disposant lits et schlafsaks comme en emboîte les uns dans les autres les morceaux d'un puzzle.

Le lendemain le 44ᵉ était parti et nous avions pu occuper la chambre abandonnée par le lieute-nant-colonel.

La maison isolée près de l'entrée ouest du village sur une petite éminence était propre. D'ail-leurs le médecin-major ayant la charge du canton-nement était venu y loger aussi et l'acide phénique répandu à profusion donnait une impression de sécurité hygiénique fort plaisante. Le reste d'Erme-nikeui était d'une saleté repoussante et l'épidémie couvait.

Le généralissime Savof avait annoncé sa venue pour hier; aussi, pour ne pas s'attirer de légitimes reproches avait-on commencé un nettoyage méthodique du village. Une maison suspecte de choléra avait été isolée et le feu allait y être mis. De la chaux vive avait été répandue aux alentours du quartier général. Le général Ratko Dimitrieff avait décidé qu'on ne se serrerait plus la main de peur de contagion et à table on promenait des soupières d'eau bouillante où chacun plongeait cuillers, fourchettes et couteaux, comme les coiffeurs trempent les rasoirs dans une solution de sublimé. Je ne suis même pas sûr que les ustensiles de cuisine n'étaient pas passés à l'acide phénique, car le potage comme la viande avaient ce parfum caractéristique.

Le général Savof n'est arrivé qu'aujourd'hui. Il a entendu le rapport du général Ratko Dimitrieff qui, avec M. Tchaprachikof, s'étaient rendus sur les lignes avancées. A leur retour on entend ce propos : « Après tout, les fameux forts turcs de Tchataldja ne sont peut-être qu'un épouvantail ! » Mais la vérité est tout autre : la ligne des forts est colossale. Il ne faut compter que sur la démoralisation de l'ennemi pour en avoir raison.

17 novembre.

« Messieurs, votre inaction va cesser. Demain départ à huit heures du matin. La bataille va commencer. » C'est la communication que l'on nous a faite hier soir vers la fin du dîner.

La nuit a été fiévreuse. Dès quatre heures du matin nous commencions à frotter des allumettes pour regarder nos montres. A six heures nous étions debout donnant à nos hommes les dernières instructions. « Si nous ne rentrons pas cette nuit, mettez sur la charrette les objets de première nécessité et venez demain matin à Akalan, nous serons dans le vallon qui est un peu au sud, près d'une ruine, c'est là le point de rendez-vous. » Nos hommes sont d'ailleurs assez émus et nous aussi : Dans la nuit on a volé nos bœufs. Comment ferons-nous pour la deuxième charrette ? Le chef de la police, prévenu de notre malheur, avoue son impuissance. « En temps de guerre, ces aventures arrivent et on ne peut rien faire. » Nous n'avons pas le temps de discuter. Le canon va parler. Nous partons, laissant à nos hommes le soin de retrouver les bœufs, d'en voler d'autres ou d'en acquérir pendant notre absence.

Après une heure et demie de chevauchée à travers bois, coteaux et vallons, nous arrivons à la hauteur qui domine Akalan au nord-est, hauteur qui doit être notre observatoire pendant la bataille. Nous laissons les chevaux derrière la crête et nous nous installons devant une tranchée vide.

Le spectacle est grandiose. Le regard embrasse toute la presqu'île, de la mer Noire à la mer de Marmara. L'action est engagée depuis déjà quelque temps et le canon tonne sur toute la ligne.

1° A gauche nous avons la lagune de Derkos qui barre, à l'est, une chaîne de rochers d'un jaune d'ocre. L'aile gauche de la troisième armée, formée de la cinquième division, pousse de ce côté l'attaque avec Lazarköj comme premier objectif, effort couronné de succès dès le début de la journée. Elle pousse immédiatement vers le sud en passant par le village d'Enikeui pour porter son effort vers les trois crêtes successives qui la séparent d'une bourgade que certains d'entre nous appellent « la caserne » et qui est une position d'une importance capitale. (Elle ne porte pas de nom sur la carte.) « La caserne » est flanquée à droite et à gauche (nord-ouest et sud-est) de bastions qui ne cessent de tirer sur ce mouvement d'infanterie de la cinquième division.

2° Exactement devant nous il y a, au premier plan, plusieurs mamelons couverts d'une brousse de petits chênes dans laquelle les Bulgares ont placé, fort judicieusement, plusieurs groupes d'artillerie, en arrière de la crête. Ces groupes ne se feront pas souvent entendre, mais les Turcs ne tardent pas à les repérer et les « arrosent » fréquemment. A part un coup qui tombe à dix mètres à peine en arrière de la pièce gauche d'un des groupes, les autres sont ou trop courts ou trop longs, mais partant des batteries turques qui sont distantes d'environ cinq kilomètres, démontrent l'excellence de leurs observateurs et pointeurs.

Les longs silences des batteries bulgares doivent les dérouter sur l'efficacité de leur tir.

Au second plan, derrière les mamelons, se trouve une vallée assez profonde dans laquelle se cachent les villages de Kastania et Uklali. Le centre de la troisième armée a engagé là une brigade de la 9e division avec mission de traverser la rivière et de remonter les pentes du ravin vers le nord-est, où se trouvent plusieurs lignes de tranchées turques couronnées de deux ouvrages défensifs. Le travail de ce bataillon a dû être particulièrement laborieux. Je ne vois qu'une partie du ravin dans une coupure entre deux mamelons. Les hommes avancent sous une pluie de schrapnells et l'on entend en même temps le bruit, semblable à celui d'un moteur de motocyclette, des mitrailleuses. Comme ma jumelle fixe à un moment donné ce coin de terrain, je vois distinctement un officier faire un demi-tour puis s'abattre. Trois hommes, une seconde après, traversent le champ, courant en arrière ; au moment de franchir le fossé, l'un d'entre eux s'effondre. Il est dix heures du matin. Par trois fois, à onze heures et demie, midi et une heure un quart on voit l'infanterie bulgare tenter à nouveau le passage de cette zone terrible. Et la journée s'achève sans qu'elle y soit parvenue.

Ils ont dû ce soir réussir à rester accrochés sur des positions périlleuses qu'ils tenteront peut-être d'améliorer cette nuit. S'il m'est permis de donner un avis, il m'a semblé que les batteries bulgares, qui avaient pour mission dans cette première journée de tâter l'adversaire en le faisant se révéler, n'ont pas été d'un grand secours pour leur infanterie et, obéissant trop fidèlement à leur consigne qui était de chercher les batteries turques successivement derrière toutes les crêtes, n'ont nullement soutenu l'effort offensif de l'infanterie qui travaillait devant elle au pied même de leurs positions. Cette infanterie se trouvait sous le feu des batteries turques les plus proches qu'avec une concentration de feu, au lieu de l'éparpillement interrogatif, les batteries bulgares auraient pu soit museler, soit détourner de l'objectif de l'infanterie. Du moment où cette première journée n'était point une journée d'offensive, mais de tâtonnement, on voit mal l'intérêt qu'il y avait à exposer de l'infanterie en très petit nombre pour une tâche au-dessus de ses forces. Il ne faut pas oublier que cette infanterie a déjà été soumise à de dures épreuves, a plus d'un mois de campagne dans les épaules et que c'est mal la préparer à un coup de force ultérieur que de lui infliger une journée de terrain découvert sous une pluie trop efficace de schrapnells. Peut-être est-ce la révélation des idées directrices du grand état-major : on sait la ligne des forts imprenable ; on ne compte que sur la démoralisation de l'ennemi. On attaque donc un peu partout, au petit bonheur, sans conviction, en engageant le moins de monde possible, dans l'espoir d'une débandade turque soudaine.

Au dernier plan, toujours en face de moi, les

Turcs avaient des batteries derrière une succession de crêtes. Ils tiraient généralement par demi-batterie, soit trois coups simultanés complètement groupés dans un infime rayon. Mais il ne paraissait pas y avoir de réglage de tir. La seconde salve tombait au même endroit que la première, souvent même mathématiquement.

3° A ma droite se déroulaient, à une distance trop grande pour qu'il me fût permis de suivre l'opération, les duels d'artillerie de l'aile droite de la troisième armée (3ᵉ division) et toute l'action de la première armée (général Koutincheff, 6°, 1ʳᵉ et 10ᵉ divisions) du village de Tchataldja à la mer de Marmara. Tout ce que j'ai vu de ce côté est, pendant la matinée, une canonnade furieuse contre la ligne de forts turcs du centre, en avant de la ligne du chemin de fer, sur le coude qu'il fait vers le nord du village de Bahceiskoj au village de Nakkaskoj. La fumée des schrapnells s'élevait de la plaine en petits flocons pressés. Je devais apprendre ce soir que cette canonnade avait pour objet de couvrir la marche en avant de l'infanterie qui, franchissant la large vallée de la Karasou, finissait par s'arrêter au pied des forts turcs. On a donc fait à droite ce qui ne se faisait pas à gauche, on a soutenu l'infanterie. Peut-être faut-il voir là une confirmation de la théorie que j'avais émise dans ma dernière lettre : l'effort de percement sur le centre de la ligne turque, alors que les Turcs, par le placement de leurs réserves, paraissaient l'attendre au nord.

(Tout ce que je vous dis là est strictement personnel, l'état-major bulgare opposant un mutisme déconcertant à toutes nos demandes d'éclaircissement.) Enfin tout à fait au sud, à l'extrême droite, je voyais un cuirassé turc, embossé dans la rade de Büjuk Cekmedjé et tirant par salves fréquentes, dont le son se distinguait nettement, contre l'aile droite du général Koutincheff.

A midi 35, une grande lueur éclaira ce côté de l'horizon, soit l'un des forts en arrière de Büjuk Cekmedjé, soit la ville de Kalicratia était en flammes.

A partir de une heure de l'après-midi le feu se ralentit sur toutes les lignes, les batteries tiraient isolément, souvent avec une seule pièce, à des intervalles très longs. L'état-major bulgare était maintenant sans doute renseigné sur les principales dispositions de son adversaire. Cela lui suffirait pour aujourd'hui.

Cette première journée, si elle a été pour nos yeux un spectacle unique par l'étendue du panorama nous a un peu déconcertés quant aux méthodes employées. Faute d'éclaircissements, nous comprenons mal cette absence d'offensive brutale immédiate, puisque l'offensive brutale est la seule chose possible vis-à-vis d'une telle position. En l'ajournant pour se renseigner sur l'ennemi on le renseigne tout autant et je finis par croire que mon hypothèse de tout à l'heure est proche de la vérité. On n'a pas voulu forcer parce qu'on savait ne pas pouvoir forcer. On a espéré une débandade qui ne s'est pas produite.

18 novembre.

Une journée émouvante, lugubre. Le vent avait soufflé en tempête toute la nuit, hurlant à la mort. L'aube est sombre comme une mauvaise aube d'hiver. Nous ne devions pas voir le soleil de toute la journée. Il pleut et un brouillard épais, un brouillard qui vient de la mer Noire, couvre tout. Quand nous arrivons à notre observatoire, au nord d'Akalan, nous sommes trempés, transis de froid. On n'y voit pas à cent mètres. Pourtant dans la plaine et sur les contreforts à notre gauche la fusillade

crépite, intense, scandée de quelques coups de
canon. L'assaut des positions turques doit se faire
à l'aveuglette. C'est impressionnant. Nous sommes
là, cinglés par la pluie froide, anxieux de connaître
les résultats du drame qui se passe et que nous ne
voyons pas. A onze heures moins dix, une éclaircie. Les jumelles sondent vite l'horizon. Il semble
que la ligne d'attaque n'a pas avancé depuis hier,
car les schrapnells bulgares arrosent les mêmes
tranchées turques, ce même éperon en avant de
« la caserne ». Le feu de l'artillerie bulgare est
maintenant mieux concentré, il n'est pourtant pas
encore progressif et demeure de neutralisation,
juste de quoi maintenir les Turcs dans leurs tranchées en les empêchant de mettre le nez dehors.
L'éclaircie ravive également l'artillerie turque qui
reprend son tir contre les batteries qui sont au
premier plan devant nous. Un obus vient même
tomber dans le ravin à nos pieds sur un groupe
d'ambulance qui s'y est mis à l'abri. Il ne cause
heureusement pas de graves dégâts. Un second
coup, long, éclate dans notre direction. Cela paraît
impressionner vivement un jeune officier qui
accourt vers nous : « Votre groupe près de la crête
a attiré l'attention de l'ennemi, retirez-vous ! » Il y

t a d'ailleurs une certaine nervosité ce matin dans
l l'entourage du haut commandement. Le général
l Savoff, qui avait assisté au combat d'hier, est
r reparti. Le téléphone, paraît-il, ne fonctionne pas.
l On est sans nouvelles des divers mouvements et le
l bruit, trop proche, des fusillades de l'infanterie,
l indique qu'on n'avance pas. La brume, à nouveau,
l couvre tout. Pendant que nous déjeunons, assis
par terre, dans la bruyère humide, au bord de la
route, commence un triste défilé, celui des blessés
des combats de la nuit. Les deux régiments de la
9ᵉ division, le 4ᵉ et le 17ᵉ, ont cruellement souffert,
le 4ᵉ surtout, le régiment du prince Boris qui avait
déjà soutenu de durs combats au nord d'Andrinople.
La lutte sur les contreforts à l'est des vallons de la
Karasou, a dû être épuisante. Les blessés semblent
exténués. En voici un qu'un camarade soutient. Un
bandeau sanglant couvre ses yeux éteints. Plusieurs
autres s'avancent en trébuchant. Ils tiennent une
de leurs bottes à la main et de larges taches de sang
maculent le linge qui s'enroule autour de leur
pied. Certains ont transformé leur fusil en béquille.
Au retour, vers trois heures de l'après-midi je retrou-
verai tous ces malheureux sur le chemin d'Akalan,
gagnant tant bien que mal l'ambulance qui s'y

trouve installée. Et ce ne sont là que ceux qui sont blessés légèrement et qui peuvent rallier par leurs propres moyens. Combien sont restés dans la nuit glaciale et sous la pluie pénétrante de ce matin?

Nous rentrons. On ne voit rien, rester davantage serait vain. Comme nous débouchons du petit bois en avant d'Ermenikeui, un tableau qui ajoute encore à la tristesse de ce jour : En bordure d'un champ on vient de creuser des fosses et le pope, une petite étole jaune apparaissant dans l'entrebaillement de son caoutchouc, dit la prière des morts pour quatre pauvres diables qui sont étendus là dans leur capote brune ou grise. Derrière le pope il y a le petit groupe des infirmiers qui, de l'ambulance voisine, ont apporté les cadavres. Le vent et la pluie font rage et les pans du manteau du prêtre flottent sous la rafale. Comme nous adressons un dernier salut à ceux qui dorment là, Segonzac me dit : « Ceux-là ont trouvé le repos! Mais les autres, là-bas, dans les tranchées...

CHAPITRE XII

APRÈS LA BATAILLE

Dans la solitude de la petite maison abandonnée qu'on nous a permis d'occuper Segonzac et moi, je songe à ces derniers jours que je viens de vivre depuis les combats de Tchataldja. J'ai vu maintenant l'autre côté de la guerre, celui que l'on ne devrait jamais voir si l'on veut garder l'héroïque impression d'épopée, mais qui fait à jamais comprendre l'horreur sublime de ce mot : la guerre. Les visions se succèdent dans mon souvenir, précises, douloureuses, inoubliables, entre autres celle de ce pauvre garçon qui s'était traîné jusqu'au sommet de la haute colline d'Akalan et que ses forces avaient trahi trop loin de l'ambulance. Il agonisait sur le bord de la route, la main droite secouée d'un spasme convulsif. Le froid intense et la pluie cinglante hâtaient sa fin lamentable. Il

avait dû faire au moins trois kilomètres pour arriver
du fond de la vallée où les schrapnells turcs avaient
décimé son régiment, jusqu'à cette crête où il avait
vu, suprême espérance, un groupe d'hommes. Mais
ceux-là ne pouvaient lui porter secours. Le
général et son état-major ne doivent pas se laisser
distraire d'une tâche dont la vie de milliers d'autres
dépend, et que peuvent quelques correspondants de
journaux, sans brancards, sans médicaments, sans
instruments chirurgicaux ? Et il a fallu le laisser
mourir là à quelques pas de nous... D'ailleurs,
pourquoi aider celui-là, plutôt que celui qui le suit,
traînant son pied ensanglanté, ou le troisième, les
yeux crevés, conduit par un camarade dont une
balle a cassé le bras, ou le quatrième courbé en
deux, souffrant à chaque pas de la balle qui a dû
se loger quelque part près des reins. Ils sont trop,
on ne peut rien. C'est même une des seules criti-
ques de l'organisation bulgare que je me permet-
trai. Je vous ai déjà écrit que sur ma route j'avais
trouvé, en venant, un service d'hôpitaux de campagne fort bien installé, mais je me rends compte
maintenant qu'on s'est trop préoccupé des services
d'hospitalisation de l'arrière, des hôpitaux d'évacuation, et pas assez des ambulances en seconde

ligne, c'est-à-dire du second échelon après les
postes de secours de la ligne de feu. Je ne voudrais
pas faire de critique technique, les éléments de
détail m'échappant, mais il me souvient qu'aux
manœuvres suisses auxquelles j'assistai en septembre dernier, on avait expérimenté avec succès
une innovation qui répond exactement au défaut
qui m'a frappé ici. Réduisant au minimum les
postes de secours sur la ligne de feu, on avait ren-
forcé les ambulances divisionnaires placées *juste
en dehors* de la ligne de feu. Les blessés devaient
recevoir là les soins antiseptiques les plus minu-
tieux sans intervention chirurgicale et *surtout connaître le repos*. On a fait ici exactement le contraire. Les postes de secours sur la ligne de feu
ont fait des pansements sommaires, puis ont
expédié les blessés au petit bonheur (et non par
groupes, commandés par le plus ancien gradé,
comme le prescrit le règlement français), vers des
postes d'ambulance déjà très éloignés qui les ont
immédiatement, sans leur donner le repos indispensable pour éviter les complications de certains
traumatismes et pour permettre le rétablissement
de l'état général ébranlé, envoyés vers la plus
proche station de chemin de fer pour être évacués

vers les grands centres. C'est la méthode allemande telle qu'elle fut appliquée en 1866 et 1870-71 : l'évacuation immédiate primant tout autre soin. La direction du service de santé de l'armée bulgare peut, il est vrai, plaider pour sa décharge que des expériences comme celle de Saoudjak, où une division bulgare, forcée de reculer devant un adversaire plus nombreux, laissa ses ambulances sur le terrain perdu sous la protection de la Croix-Rouge, et retrouva le lendemain tous ses blessés martyrisés et mutilés, l'avaient fait hésiter à faire désormais avancer trop près ses ambulances divisionnaires. Vis-à-vis d'un ennemi comme le Turc, les conditions sont évidemment anormales, mais il n'en demeure pas moins certain qu'entre le moment où le blessé bulgare a reçu sa blessure et celui où il connaît l'abri d'un toit, la boisson réconfortante, la paix d'un repos fixe, il s'écoule un temps démesuré. J'ai suivi ainsi des soldats qui, blessés dans la matinée du 18 novembre, ont fait à pied la route du vallon de Kastania à Akalan (6 kilomètres), puis d'Akalan à Ermenikeui (6 kilomètres) 19 novembre, puis ont été transportés dans des chars à bœufs, sans abri, sans paille pour amortir les cahots, à la gare de Sinecli (17 kilomètres), n'ont trouvé là qu'une seule infirmière pour 600 hommes et pas une goutte de thé chaud, pas une seule maison (l'ancienne mosquée ne pouvant contenir qu'une vingtaine d'hommes et l'immeuble près de la gare étant réservé aux cholériques), ont été embarqués le 20 au soir dans des fourgons à bestiaux qui venaient d'apporter des munitions et n'avaient pas une seule réserve de paille ou de fourrage, ont fait ainsi le voyage de Sinecli à Kirk-Kilissé (seize heures) pour arriver dans cette ville le 21 à 11 heures du matin, soit trois jours pleins après la bataille. Certes, à Kirk-Kilissé, il y avait des Croix-Rouges de toutes nationalités avec abondance de matériel, d'infirmiers et d'infirmières, mais on se trouvait à 150 kilomètres du front !

De cette guerre, qui n'aura pas enseigné grand'-chose au point de vue tactique et stratégique, en dehors de l'exceptionnelle valeur des attaques de nuit d'une infanterie cherchant le contact à l'arme blanche (car il y a eu dans le haut commandement des audaces que seule la victoire a justifiées, comme ces deux journées des 27 et 28 octobre, où, devant Bounar-Hissar, le gros des forces turques n'avait devant lui que la cinquième division et aurait pu couper toute la troisième armée de Kirk-

Kilissé, alors qu'elle faisait sa conversion sur la ligne Bounar-Hissar-Lule Bourgas), c'est le côté médical et sanitaire qui devra être l'objet le plus attentif des spécialistes. Le rapport que publiera un jour M. Marval, directeur des ambulances suisses de la Croix-Rouge, qui se trouve actuellement ici où il a eu hier matin avec le roi Ferdinand un entretien de près de deux heures, après avoir inspecté les ambulances serbes au cours de la dernière quinzaine, sera un document d'un intérêt capital.

Je crois que le système suisse, inauguré cette année aux manœuvres de Will, est celui que la logique autant que ce que je viens de voir indiquent comme étant le meilleur : *imposer le minimum d'effort immédiat au blessé et ne l'évacuer qu'après une période indispensable de repos.* Cela est d'autant plus nécessaire que les armées européennes ont une « matière humaine » plus délicate que celle du fantassin bulgare. La résistance de ces hommes, leur passivité devant la douleur sont quelque chose de prodigieux. Jamais une plainte, jamais un rictus angoissé. Sur le visage jauni, encadré d'un poil hirsute, on ne peut rien lire, ni souffrance ni révolte contre le sort. Il y a certainement une forte dose de fatalisme slave dans leur cas, mais leur sensibilité nerveuse est sûrement différente.

Je vois encore l'embarquement de ces 600 blessés à la gare de Sinecli, entassés à même le plancher, dans des fourgons. Les plus valides avaient grimpé les premiers, puis l'on avait apporté, en les tenant par la tête, les épaules et les jambes (car il n'y avait pas de brancards !) ceux qui ne pouvaient marcher. Les fourgons avaient été naturellement très vite remplis par les moins touchés, égoïsme bien excusable, et il fallait parlementer avec les premiers occupants pour leur faire accepter de nouveaux camarades. L'unique et admirable sœur de charité (oh ! le beau regard de cette femme sans âge, à la fois douce et autoritaire !) venait, plaidait et imposait, et l'on finissait par en hisser un et puis encore un autre dans le fourgon encombré. Il y eut pourtant un pauvre diable pour lequel on fut très long à trouver une place. Alors ses camarades, épuisés de le porter ainsi de wagon en wagon, l'étendirent par terre dans l'entrevoie et le laissèrent là. Il devait avoir les reins touchés, car tout mouvement lui était impossible. Il gisait, immobile comme un cadavre, dans le soir tombé. Finalement on vint le chercher pour le mettre dans un truc découvert, à côté d'un officier mort, mort pendant le transbordement en char à bœufs d'Ermenikeui à Sinecli.

Quand le train s'ébranla enfin, avec les secousses violentes d'une locomotive trop faible, il s'éleva d'un des fourgons voisins du mien des cris déchirants, une plainte si atroce qu'on aurait voulu se boucher les oreilles pour ne pas entendre. Faut-il réellement évacuer des blessés dans un tel état? Quand le jour se leva et qu'à la station d'Eski-Baba je descendis de mon wagon où j'avais plus ou moins dormi sur un sac, la vision du train était fabuleuse et lamentable. Des blessés, faute de place, avaient passé toute la nuit sur le toit des wagons, serrés les uns contre les autres pour tenter de se réchauffer et pour ne pas tomber sur la voie.

A cette même station d'Eski-Baba devaient, avec le jour levé, commencer des scènes profondément impressionnantes qui se renouvelèrent jusqu'à Kirk-Kilissé. Par diverses routes les ravitaillements viennent aboutir au chemin de fer. Il y avait donc aux gares d'importants convois conduits par des vieillards et des enfants, car, comme vous le savez, la Bulgarie a mobilisé tous ses hommes pour cette guerre héroïque.

Ces charretiers se groupaient à l'approche du train et chacun criait simplement le nom de son village pour savoir s'il n'y avait pas quelqu'un de ce même village parmi les blessés. Quand une voix répondait, c'était une course vers le fourgon et une conversation pathétique, car le blessé donnait souvent, comme me le traduisait un officier bulgare qui m'accompagnait, de fatales nouvelles sur ses voisins de tranchée.

Je ne voudrais pas clore cette lettre, arrêtant là une description déjà trop pénible, sans dire un mot du service sanitaire. L'armée bulgare avait marché triomphalement dans un *rush* inouï jusqu'à Lule Bourgas sans un seul cas de maladie. Ce bonheur exceptionnel fit-il oublier aux autorités responsables le danger des épidémies qui tuent plus d'hommes que de balles ennemies ? Toujours est-il qu'aucune précaution d'hygiène ne fut imposée aux troupes. Alors que, dans toutes les armées du monde, le principe de la feuillée est considéré comme indispensable, les hommes traitèrent les villages où ils étaient cantonnés comme de vastes latrines. Cela était d'autant plus impardonnable que l'armée turque en retraite avait occupé ces mêmes villages quelques jours auparavant, les laissant dans un état de saleté qu'on peut imaginer. Les cadavres d'animaux, les déchets de boucherie en plein vent empuantissaient l'atmosphère (ayant fait toute cette route avec l'armée bulgare, j'en peux parler, hélas ! *de visu* et *de olfactu*). Ce qui devait fatalement se produire s'est produit. La dysenterie et d'autres maux ont fait leur apparition. Le service de santé s'est aperçu un peu tard de la calamité qui touchait l'armée. On a fait évacuer les villages et campé les hommes dans les champs. On a imposé les feuillées avec menace de *fusiller* ceux qui n'observeraient pas cette loi fondamentale d'hygiène, on a mis le feu à des masures suspectes, on a passé à la chaux vive tous les alentours des maisons. Vaincre rapidement n'est pas tout. Il faut conserver les hommes pour les batailles du lendemain si la diplomatie ne parvient pas à éviter l'effort suprême, et pour les jours de grand labeur qui suivent la paix.

Grâce au sang-froid des chefs de corps, grâce à l'initiative énergique du tsar Ferdinand, dont on ne dira jamais tout le rôle actif joué dans cette guerre, le mal a été enrayé et les dernières nouvelles que j'ai reçues du front sont bonnes, mais on a été, faute de précautions élémentaires et de prescriptions initiales énergiques, à la veille d'un désastre qui pouvait ôter à l'armée bulgare une grande partie du bénéfice de sa rapide et admirable victoire.

Kirk-Kilissé, 1er décembre.

Ce sont maintenant les derniers jours de cette guerre. Les plénipotentiaires ont plus à faire que les artilleurs et malgré l'art suprême de réticences et de discrétion qui est la caractéristique du tempérament bulgare, je sors chaque matin du palais royal — la jolie petite maison de l'agent consulaire de France que le tsar Ferdinand a peut-être volontairement préférée à la plus somptueuse demeure dorique du consul d'Autriche-Hongrie — avec l'impression que le canon ne tonnera plus à Tchataldja. Ce n'est pas seulement une impression, car bien des indices la confirment. Tout le monde veut la paix : la Turquie, les États balkaniques, les grandes puissances. Les Bulgares sont à Tchataldja et les Turcs savent parfaitement qu'ils auraient beau faire sorties sur sorties, ils ne les feraient pas reculer. D'autre part, les Bulgares n'ont l'intention de forcer la ligne de Tchataldja et d'entrer à Constantinople *que s'il n'était pas d'autre moyen de contraindre les Turcs à signer la paix*, mais ils ne veulent pas la conquête de Constantinople, et notez ceci, qui est plus important encore, les Bulgares ne veulent demander à la Turquie territorialement que cette partie de la Thrace qui va, *grosso modo*, de Midia, sur la mer Noire, à Rodosto, sur la mer de Marmara [1] en rendant à la Turquie une partie du territoire que leurs armées occupent actuellement. On ne voit donc pas l'intérêt qu'aurait la Sublime-Porte à pousser les Bulgares au suprême effort.

Évidemment les Turcs pourraient tenir longtemps à Tchataldja. Et puis après ? Peuvent-ils tenter l'offensive, faire reprendre à l'armée bulgare la route de Sofia ? Non. Alors ? Il y a évidemment le caractère turc, la peur des responsabilités, la crainte des rancunes politiques, la vieille habitude de ne se décider jamais et de « faire traîner ». Mais aujourd'hui les chefs de l'opposition sont sous les verrous, Kiamil Pacha est un des rares hommes

---

1. J'avais mis dans mon manuscrit : « de *Midia à Dedeagach* », ce que je savais être le véritable désir territorial des Bulgares, mais le censeur me pria d'écrire : de *Midia à Rodosto*, ce qui devait être en effet la demande formulée à Londres par les alliés, demande extrême que les alliés ne faisaient que pour céder ultérieurement et en revenir à Midia-Dedeagach.

d'État qui craignent moins que les autres les responsabilités et il doit y avoir, à Constantinople,
une pression concordante de toutes les puissances.
C'est pourquoi on croit ici à la paix.

Il ne me reste, avant de quitter Kirk-Kilissé,
qu'à vous communiquer quelques impressions,
quelques notes prises au jour le jour.

D'abord ce sont des prisonniers turcs mêlés avec
des paysans chrétiens qui reviennent. Un détail,
un simple détail : certains ont dessiné à la craie
sur le devant de leur coiffure une croix blanche
pour indiquer leur religion.

Puis la place qu'entourent la poste et un grand
édifice transformé en hôpital. Les blessés sont assis
par terre le long des murs et sur le trottoir. Ils
attendent des soins et un abri avec la passivité
extraordinaire qui est la caractéristique de cette
race. Il en est venu une escouade sous la conduite
d'un officier frapper à notre porte et aux portes de
notre rue. Ils repartaient d'un pas dolent et
lent, courbés sous le poids de leur équipement
et de leur fusil, car il y a ceci de remarquable,
c'est que le soldat bulgare ne lâche pas son
arme, ne la « balance » pas dans le fossé pour
alléger son corps meurtri. Il s'en servira comme

de béquille, de canne, mais ne l'abandonnera jamais.

Enfin voici la poste, l'ancienne poste turque dont on a couvert l'écriteau avec une bande de calicot blanc, où *Postes et Télégraphes* sont écrits en bulgare. Il y règne encore un désordre bien excusable. On nous avait dit : « Allez donc faire un tour par là, il y a peut-être des lettres et des journaux pour vous. » Et nous nous sommes hâtés, car depuis un mois nous étions sans communications aucunes avec le monde extérieur.

Figurez-vous une petite pièce de quatre mètres sur quatre, aux murs de laquelle on vient de poser des casiers en bois blanc sur lesquels, au crayon, des numéros de brigades, de régiments sont inscrits. Par terre des caisses avec des milliers de cartes postales, de lettres, de journaux et trois malheureux employés qui essaient de classer tout cela. C'est toute la correspondance des familles bulgares à leurs fils qui est venue s'entasser là. Les lettres avec des timbres étrangers forment un monceau à part. Je fouille avidement. Je trouve une lettre, une chère lettre à mon nom. Et mes yeux tout en cherchant égoïstement, tombent pourtant sur d'autres adresses, celles de camarades, correspondants

comme moi, que je sais être à la première armée
ou à la deuxième, à Mustapha-Pacha, ou renvoyés à
Stara-Zagora. Tout cela est venu pêle-mêle à Kirk-
Kilissé, au quartier général. Alors ma joie de trouver
quelques-unes de mes lettres, me fait penser à
l'angoisse des autres qui, eux aussi, ont des affec-
tions et des foyers, et tout naturellement je
m'improvise postier. Je m'installe à une petite
table et je classe. Voici un petit tas pour les nurses
de la Croix-Rouge anglaise, voilà pour mes amis
Naudeau et Barzini, voilà pour les attachés militaires, voilà des cartes que des amis méridionaux
envoient à un officier bulgare qui fit un séjour
dans le sud de la France, cartes coloriées, sou-
riantes, écrites un soir, au café, par un groupe de
camarades dont l'un s'est écrié : « Tiens, si l'on
envoyait une carte à X...of. Vous vous rappelez,
l'officier qui était ici il y a deux ans ! » Et il y a
une série de signatures. Voici une lettre égarée
adressée de Munich à quelqu'un qui devait s'embar-
quer dans un port espagnol dont le nom, que j'ai
oublié, ressemblait vaguement à l'œil à Stara-
Zagora et qui est venue échouer ici. Et des cartes
bulgares, les humbles petites cartes au timbre vert
où de naïves écritures paysannes doivent dire tant

de choses émouvantes. En les maniant, ces humbles cartes bulgares, égarées dans le monceau de lettres de l'étranger, j'ai la vision de leurs destinataires possibles, ces soldats dont tant sont restés dans la plaine du Karasou devant Tchataldja, ou à l'assaut de Karagach. J'ai peut-être parmi elles touché celle qui était destinée à ce malheureux qui agonisait près de moi, le 18 au matin, sur la hauteur d'Aka-lan ? Messages d'affection, messages de tendresse, messages d'amour, quand arriverez-vous? Retour-nerez-vous vers des hameaux des Balkans avec la sèche mention : décédé ? Apporterez-vous à quel-que blessé, ayant désespérément lutté sur un lit d'hôpital, cette dernière consolation de la vie, savoir en sûreté ceux que l'on aime? Sur combien d'entre vous y a-t-il écrit : « Nous attendons ton retour. Grand'mère et le petit vont bien. On dit dans le village que la guerre va bientôt finir. Soi-gne-toi bien. Je t'embrasse »? Frêles papiers qui contenez tant et qui êtes si peu de chose dans cette petite chambre aux casiers blancs, comme je voudrais tous vous lire, tous vous comprendre, car vous êtes tous l'âme d'un peuple !

Après deux heures de classement, comme la nuit tombait, je suis rentré chez moi avec mon butin personnel : lettres vieilles de quinze jours à un mois, journaux dont le plus frais remontait au 15 novembre. J'ai lu tout cela avec fièvre, avec émotion. D'abord les nouvelles de Paris, l'élection du général Lyautey et de M. Boutroux à l'Académie, la première de l'*Habit vert*, et soudain une triste nouvelle : la mort de Georges Gaulis. Nous étions ensemble à Sofia il y a un mois ; la sûreté de son jugement sur les affaires balkaniques était extrême, il prévoyait tout ce qui est arrivé et sa conversation était pour nous un constant enseignement. Il était parti pour Constantinople trois jours avant la déclaration de guerre me donnant rendez-vous à Paris aux environs de Noël. Combien les dernières observations qu'il a faites, avec son habituelle clairvoyance, ont dû être pénétrantes ! Quelles pages lumineuses, captivantes, il aurait écrites sur la Turquie d'aujourd'hui, cet empire dont il avait suivi l'évolution mieux qu'aucun autre ! Je perds en lui un maître et un ami.

Après cette recherche anxieuse de nouvelles pouvant me toucher personnellement ou m'intéressant au point de vue parisien, j'ai lu avec quelque curiosité les dépêches publiées au jour le jour sur la guerre à laquelle je venais d'assister. J'en ai éprouvé de la stupeur, de l'indignation, en même temps que j'en tirais quelques leçons que je crois nécessaires d'exposer, car elles ont une grande importance professionnelle.

Il y a d'abord le scandale du fameux correspondant de la *Reichspost* de Vienne. Je viens de voir que le correspondant du *Times* a déjà élevé la voix contre cet étrange confrère.

M. Wagner, lieutenant *de réserve* de l'armée autrichienne, nous avait tous déjà surpris à Sofia, où, en costume de chasse de velours vert, sans faux-col, avec des jambières de cuir fauve, il passait toute sa journée au *Café de Bulgarie*, écrivant inlassablement. Nous nous demandions ce qui pouvait bien nourrir ainsi sa faconde épistolaire, d'autant que nul ne le prenait pour un officier, même de réserve. Nous eûmes la clef de l'énigme à Stara-Zagora, où M. Klein, correspondant de la *Neue Freie Presse*, recevait un télégramme de reproche de sa rédaction, lui disant : « *Reichspost* publie longs télégrammes, vous rien ». M. Wagner avait commencé son « cycle ». Ce que cet homme a pu inventer est inimaginable et on a peine à comprendre comment ses dépêches ont si longtemps trouvé créance. Il n'a jamais dépassé la banlieue de Mustapha-Pacha, et n'en a pas moins inondé le monde de ses récits de bataille de Tchataldja, huit jours avant qu'elles aient lieu, de ses révélations sur les plans de l'état-major bulgare, auprès duquel il se trouvait soi-disant, alors que près de 100 kilomètres l'en séparaient, etc. etc.

Que M. Wagner, comme d'ailleurs d'autres fantaisistes qui, dans des télégrammes datés de Bucarest, de Budapest, de n'importe où, ont annoncé la reddition d'Andrinople le 5 novembre à 11 heures ou à midi juste, ou le mouvement tournant de l'armée bulgare le long du lac de Derkos, ce qui ne peut manquer de provoquer une douce hilarité chez ceux qui ont vu le terrain, aient obtenu l'honneur d'une reproduction imméritée, il n'y a là que moindre mal, mais il y a, dans cet accueil immédiat, par les plus grands journaux, de mensonges éhontés, la révélation d'un mal, auquel il importe de porter remède sans tarder, si l'on ne veut pas faire sombrer tous les journaux, sans distinction, dans un égal discrédit.

Voici une guerre pour laquelle les journaux mobilisent des envoyés spéciaux. Ceux-ci rendent compte, dès le début, à leurs rédactions que les difficultés de transmission de nouvelles, du côté bulgare, seront extrêmes, car une censure sévère veille non seulement sur les correspondances, mais sur les correspondants. Ils avertissent, en outre, que le mutisme officiel est absolu, et qu'en dehors des communiqués, il ne faut s'attendre à aucune nouvelle digne de foi.

Au quartier général, un seul fil télégraphique, réservé à l'état-major. Les correspondants sont captifs. Quelques-uns d'entre eux qu'on peut compter sur les doigts, sont autorisés, par faveur exceptionnelle, à se rendre auprès des commandants de la troisième et de la première armée qui marchent sur Tchataldja. Il y a avec le général Ratko Dimitrieff, le colonel Renkin, du *Times*, M. Maxwell, du *Daily Mail*, M. Fox, du *Morning Post*, le colonel de Dreyer, du *Novoie Wremia*, M. Nemirovitch Dantchenco du *Rouskoie Slovo* et le capitaine Mamountof, d'un autre journal russe, le marquis de Segonzac, de l'*Écho de Paris*, le correspondant du *Temps* et deux officiers d'état-major français, qui se sont faits journalistes pour l'occasion, et représentent l'*Eclair* et l'*Illustration*. Avec le général Koutincheff, il y a Ludovic Naudeau, du *Journal*, Luigi Barzini du *Corriere de la Serra* et M. Pilenko, de *Novoie Vremia*. Un point c'est tout. Les autres, tous les autres, sont à Mustapha-Pacha (ce qui équivaut à rester à Hendaye, pour raconter le siège de Madrid), à Stara-Zagora, ou même à Sofia.

Croyez-vous qu'on se contentera du bulletin officiel ou qu'on attendra le récit de ceux qui ont vu. *Nenni !* Les élucubrations de ceux qui ne voient rien, mais sont à proximité d'un bureau télégraphique ouvert au public, suffisent. On les reproduit copieusement, en faisant évidemment grief aux envoyés spéciaux, dont quelques-uns vont jusqu'à risquer leur peau sous les schrapnells, ou dans des localités infestées de choléra et de typhus, de n'avoir pas, comme le correspondant installé tranquillement au bureau de poste, et brodant sur des lambeaux de nouvelles, envoyé un télégramme sensationnel, battant de vitesse tous les autres. C'est là le résultat de l'américanisation de la presse. Des nouvelles, quelles qu'elles soient, vrais ou fausses, mais des nouvelles !

Quand, après des efforts inouïs, au prix de fatigues réelles, après s'être débattu contre une censure rigoureuse, l'envoyé spécial parvient à expédier le récit vrai, contrôlé par ses yeux, des événements, son télégramme est considéré comme périmé, parce qu'on a reproduit, auparavant, les récits de confrères dont les scrupules n'entravent pas l'imagination.

Ah ! les récits de la prise de Kirk-Kilissé, avec le duel des batteries bulgares et des forts, *dont les canonniers étaient partis depuis douze heures*, le combat dans les rues de la ville *où il n'y avait plus un soldat turc*. Ah ! le mouvement tournant de l'aile gauche bulgare et son entrée à Viza le 28 octobre, *alors que l'état-major turc y dînait tranquillement le 1ᵉʳ novembre*. Ah ! tous les combats victorieux à Tchataldja et la prise des forts du centre, le 13 novembre, *alors que la première bataille n'eut lieu que le 17 !* Que d'âneries, que d'inventions, que de mensonges, auxquels on a fait crédit uniquement parce qu'ils paraissaient chez le voisin, et qu'en principe le voisin fait toujours mieux.

Nous en avons ressenti, mes confrères et moi, qui étions aux avant-postes, une douloureuse amertume.

CHAPITRE XIII

LE RETOUR

Dimotika. — L'Arda. — Les Serbes à Andrinople.

Dimotika, 1er décembre.

Nous aurons, pendant toute cette campagne, beaucoup souffert de l'imprécision des nouvelles. Ici, dans l'armée bulgare, personne ne sait rien, personne n'affirme rien, on aime le vague. J'entends encore le commandant en chef de l'artillerie de la troisième armée me dire un jour : « On a tiré sur cette batterie 5.000 schrapnels », et le lendemain, causant de nouveau avec moi de cette même batterie et oubliant son propos de la veille m'affirmer : « Pensez qu'on a tiré sur cette batterie près de 3.000 schrapnels ! » Quand on questionne sur n'importe quoi on vous renvoie au lendemain pour la confirmation des faits et on a beau s'adresser à ceux qui sont « le plus près du soleil », leur prétendue ignorance a la même merveilleuse ingénuité. Comme j'arrivai jeudi soir au bureau de la censure à Kirk-Kilissé, M. Mikoff, professeur de français à l'université de Sofia, me dit : « Vous savez qu'on a pris un corps d'armée turc de 12.000 hommes près de Dedeagatch ! » Entre M. Robeff, le très distingué secrétaire de la légation de Bulgarie à Constantinople ; on parle de cette nouvelle sensationnelle. « Non, dit-il, ce n'est pas confirmé. » Le docteur Ivanoff croit à sa réalité et M. Theodorof, drogman à Salonique, n'y croit pas. Je sors, je rencontre dans la rue M. Dobrovitch, le chef du cabinet secret du roi Ferdinand. Je suis sauvé ! Enfin je vais savoir si oui ou non la nouvelle est officielle.

Vain espoir, M. Dobrovitch ne saurait être affirmatif. Il ne reste dans ces conditions qu'une solution : Aller voir soi-même. Et c'est pourquoi je suis parti pour Dimotika avec d'autant plus d'empressement que cette direction était celle que j'avais primitivement choisie pour revenir à Mustapha-Pacha, en contournant Andrinople par le sud.

Des nombreuses impressions que je devais recueillir en arrivant à Dimotika, la première est toute de stupéfaction. Comment les Turcs n'ont-ils rien fait pour défendre une telle position stratégique ? Je me rappelle qu'il y a un mois et demi, quand, à Sofia et Stara-Zagora avant la guerre et à son début, j'étudiai, avec des officiers bulgares et des personnalités étrangères compétentes, le théâtre des futures opérations, il nous paraissait évident que le premier front de résistance turque devait être sur l'angle droit Dimotika-Andrinople-Kirkilissé. Le front Dimotika-Andrinople paraissait de beaucoup plus facile à défendre. La Maritza forme là une barrière naturelle très large que l'armée bulgare aurait une peine inouïe à franchir. On s'attendait donc au combat décisif que l'armée des Rhodopes et la deuxième armée auraient à livrer contre les Turcs, aux environs de Dimotika. Simple spéculation évidemment qui ne dut pas troubler l'état-major bulgare, mieux renseigné que nous. Il n'y avait personne à Dimotika. Le récit que nous fit le docteur Aristodèle Papadoles, en fumant des cigarettes dans la boutique du pharmacien Assimakopoulou, a la saveur des témoignages vécus et leur caractère relatif. Je le reproduis tel que je l'ai noté sur mon carnet, appuyé sur la *Chirurgie du praticien*, de M. Marion, et les *Maladies de cœur*, de Castaigne et Esmein, car le pharmacien comme le docteur sont les élèves de nos facultés.

« La guerre était déclarée depuis quelques jours et nous continuions d'ignorer ce qui se passait. Nous pensions que l'armée bulgare était toujours aux environs de Mustapha-Pacha et ne viendrait en tout cas pas de si tôt par ici. Dimotika n'avait aucune garnison turque. Il y avait une quinzaine de gendarmes et soldats avec, dans l'ancienne caserne, deux ou trois mitrailleuses. Trois ou quatre cents habitants civils turcs avaient chez eux des fusils. C'était tout. Pourtant voici que le mercredi 23 octobre des paysans des villages du nord arrivent ici et racontent que les Bulgares approchent. Le caïmakan entre dans une grande fureur et fait emprisonner les villageois en déclarant : « Ce sont des amis des Bulgares. » Il fait, d'ailleurs, aussi emprisonner mon beau-père que voici (et le docteur me montre un vieux monsieur débonnaire qui fait également salon dans la pharmacie centrale). J'ai dû expliquer au caïmakan que mon beau-père n'y était pour rien, et que ce n'était pas sa faute si les paysans lui avaient raconté l'arrivée des Bulgares, alors on a relâché mon beau-père. Là-dessus un ou deux jours se passent. Le bruit nous arrive que des troupes turques sont en retraite à l'est d'Andrinople (c'est la déroute de Kirk-Kilissé). Le caïmakan déclare que c'est un mouvement stratégique et que l'armée turque a fait 2.000 prisonniers. Le lundi 28 le caïmakan me fait appeler au konak avec un autre docteur d'ici, et nous dit : « On a « besoin de médecins pour les troupes d'Andri- « nople, il faut que vous partiez tous les deux ce « soir. » J'objecte que je suis père de famille et que j'ai besoin d'un délai de vingt-quatre heures pour mettre mes affaires en ordre et prendre des dispositions pour les miens. Le caïmakan, en maugréant, s'incline. Le lendemain 29, je vais de nouveau au konak et je m'y trouvais vers dix heures du matin quand des coups de feu éclatent dans la rue. Quelques cavaliers bulgares, avec une audace extraordinaire, sont entrés dans la ville et trouvant quatre soldats (sur les quinze de la garni- son !) avec leurs fusils les ont abattus presque à la porte du konak. Le caïmakan verdit et il nous dit : « Évidemment, maintenant vous pouvez faire ce « que vous voulez ! » Je rentre à la maison. Les cavaliers bulgares sont partis comme ils étaient venus. Tout le monde pense que c'est un simple coup d'audace et qu'il n'y a pas d'armée bulgare dans les environs, tout au plus y a-t-il quelques corps de Macédoniens irréguliers. Vis-à-vis de ceux-là, suivant l'habitude, on va essayer de se battre. Les quatre cents Turcs qui ont des armes sortent de la ville avec les gendarmes et les deux ou trois soldats qui restent, et se postent sur les trois routes qui donnent accès à la ville. Voilà l'armée bulgare qui arrive et la bataille commence. Près de l'usine de soies Emmanuel Panayotis, un gendarme s'est posté avec une mitrailleuse et tire sur la route. Un soldat bulgare se glisse le long du mur et arrive derrière le gendarme. Celui-ci tourne toujours sa manivelle. Le soldat bulgare, que cela amuse, parodie la mécanique : « Crac, crac, crac, « crac, crac. » Le gendarme se retourne stupéfait et tombe percé d'un coup de la terrible baïonnette bulgare. Dès le début des hostilités, le caïmakan et les autorités ont gagné les caïques amarrées au bord de la rivière et se sont sauvés. Au soir du 29 les Bulgares sont dans Dimotika. Ils hissent le drapeau vert, rouge et blanc au sommet de la colline et s'en vont. Nous restons comme cela pendant quatre jours, très inquiets car toutes les autorités turques sont parties. Il n'y a pas d'autorités bulgares établies, il n'y a pas de troupes bulgares et on ne sait pas ce qui va arriver.

« Or voici que notre terreur est grande. Le 10

novembre on voit arriver du côté de la gare, c'est-à-dire du sud, une troupe assez forte de Turcs. Tout le monde se cache épouvanté ; si les Turcs entrent nous sommes perdus, ils vont tous nous massacrer. Je me réfugie avec ma famille dans la maison voisine de celle d'une famille turque que j'avais prise sous ma protection au moment de la bataille. J'ai l'espoir qu'ils me rendront la pareille. Les Turcs, au nombre de 500, sous la conduite d'un officier, s'arrêtent aux portes de la ville. Ils trouvent là un milicien grec qui s'appelle Yeni Para et qui imperturbablement s'écrie : « Comman-« dant effendi vous ne pouvez pas entrer ou bien il « faut déposer vos armes. »

« — Est-ce qu'il y a des Bulgares dans la ville ? demande le « commandant effendi ».

« — Non, mais ils sont près d'ici.

« L'officier turc a l'air tout décontenancé. Il dit : « J'ai reçu l'ordre du vali de venir reprendre la « ville. »

« — C'est possible, répond Yeni Para, mais « vous ne pouvez pas entrer. »

« L'officier regarde ses hommes, réfléchit, puis montrant du doigt le drapeau bulgare qui flotte sur la ville, il ordonne : « Allez m'ôter cela. »

« Un vieux Grec qui est venu rejoindre Yeni Para prend la parole : « Nous ne pouvons pas, comman-
« dant effendi, parce que ce n'est pas nous qui
« l'avons mis là. »

« L'officier turc a l'air furieux : « Très bien je le
« ferai descendre avec le canon ! »

« Et sur cette parole énergique et menaçante il ordonne à sa troupe de faire demi-tour.

« Nous restons encore deux jours dans l'angoisse mais les Turcs ne réapparaissent pas. Enfin voici qu'arrive un général bulgare accompagné d'un prince autrichien (le prince Windisgraetz). On lui apporte, sur un plateau, la clef, le pain et le sel. Il commence un petit discours pour remercier la population de son accueil, quand un cavalier lui tend une lettre. Il regarde, s'interrompt : « L'en-
« nemi est près d'ici. Il faut aller à la bataille. » Aussitôt tout le monde se disperse, on grimpe sur la colline pour regarder le combat dans la direc-tion du village de Durti.

« Et puis le samedi 16 tout est fini. Les Turcs battus s'enfuient et l'armée bulgare est définitive-ment installée à Dimotika. »

J'ai reproduit aussi fidèlement que possible le récit du docteur. Je ne suis pas certain qu'il n'y

; ait dans son souvenir, après des émotions aussi
r vives, quelques erreurs et confusions de dates,
r mais cela a-t-il une grande importance, dès qu'on
r ne prétend point au document historique?

Cela d'ailleurs est le passé et le présent reprend
: ses droits.

Dans la matinée d'hier, comme nous montions
; avec Segonzac vers les vieux remparts byzantins,
r en assez bon état de conservation qui font de la
l haute colline, qui domine la ville à son centre, un
: imposant et pittoresque château fort, un mouvement
r de foule attira notre attention. Hommes, femmes
r et enfants couraient vers les remparts. Nous acti-
vâmes notre grimpée. Et ce fut un inoubliable spectacle, une de ces visions qui éclairent les pages
d'autrefois. Sur toutes les tours, sur tous les murs
immenses de la forteresse de Justinien, le peuple
s'était massé. Il y avait là des hommes en armes,
dont la longue baïonnette se profilait sur le ciel ;
des paysans avec le turban bleu de ciel, plat
comme un chapeau breton ; des femmes avec le
grand pantalon à l'orientale, la jupe-culotte ou le
large pantalon droit qui monte jusqu'à la poitrine ;
d'autres avec le tablier aux rayons multicolores,
comme le tablier de Dalécarlie (mode qui remonte

peut-être au temps où un roi de Suède fut prisonnier à Dimotika) ; des enfants dépenaillés et pieds
nus, et toute cette foule regardait avidemment vers
le sud. Au lointain une ligne pâle de coteaux, puis
la nappe claire de la Maritza, puis des collines
rouges et, dans un col que soulignent des prairies,
une grande masse noire qui s'avance. C'est cela que
tous les yeux fixent, c'est vers cela que les index se
tendent, c'est l'armée turque prisonnière. Jamais
je n'ai compris, comme en ces minutes-là, ce que
furent les guerres d'autrefois, l'attente anxieuse,
dans les citadelles médiévales, du conquérant dont
les armées s'avançaient ainsi à découvert, au temps
où l'on ne connaissait pas l'obus qui tue à six kilomètres. Ce peuple n'a pas dû beaucoup changer à
travers les siècles. Il y aurait là, derrière les mu-
railles, des baquets de poix brûlantes, prêts à être
jetés sur l'assaillant, et des arbalètes et des boulets
de pierre, que je n'en éprouverais nulle surprise.

C'est une vision imprévue, étourdissante, comme
certains conteurs fantastiques se plaisent à en
imaginer ; c'est le voyageur égaré trouvant au
fond d'une vallée inconnue, pour ainsi dire inacces-
sible, les monuments intacts d'une civilisation disparue, qui racontera son aventure, mais qu'on ne

croira pas, parce qu'il ne retrouvera plus jamais le chemin de cette vallée...

Et pendant deux jours l'armée prisonnière défila.

C'était un immense troupeau d'hommes, il y en avait 12.000, encadrés de fantassins ou de cavaliers bulgares ; ces derniers, comme pour mieux ressembler à des bergers, tenant en main des baguettes, des branches de mûrier et faisant fréquemment le geste qui enveloppe, qui pousse en avant. Lamentable et édifiant défilé. Une variété infinie de types, beaucoup de malingres, même un bossu, des individus au visage osseux, au nez crochu, un nègre, des négroïdes, des asiatiques aux yeux bridés, des adolescents, des hommes ayant certainement passé la cinquantaine, de pauvres diables minables et des figures bronzées de brigands et au milieu de tous ces êtres passifs, indifférents, l'air veule et abruti, un homme, un seul, qui pleurait. C'était un grand garçon au teint clair, avec un filet de moustache blonde. Son capuchon gris, enroulé autour du fez comme un turban, lui faisait une coiffure large et sa main gauche s'accrochait dans la courroie de son bissac de toile. De grosses larmes coulaient sur ses joues, tandis que dans les

rues en pentes de Dimotika il défilait devant la population qui faisait la haie, les femmes et les jeunes
filles massées par groupes aux carrefours.

Enfin ! il y avait dans cette armée un homme
sensible à la honte de la défaite, un homme étreint
par le supplice d'être donné en spectacle, un
homme que le déclic d'un appareil photographique
aurait blessé comme une coupure, un homme !
Quel contraste entre l'attitude de ce brave garçon
et celle de l'adjudant du pacha prisonnier, telle
qu'elle m'apparut à l'heure du dîner dans la salle
fumeuse de l'hôtel Rouméli (*sic*).

L'établissement qui porte ce nom pompeux d'hôtel est une infâme gargote dont on absorbe le vin
vinaigré, les choux rances, dans une verrerie et
une vaisselle plus que douteuses, parce qu'il n'y a
pas autre chose, ni d'autre lieu. Des gamins vous
servent et pour les appeler, comme ils sont Grecs,
on crie : « Evripit » (Euripide) ou « Démosthène »
avec la certitude qu'ils ont un prénom dans ce
goût héroïque. Au mur, il y a une *carte de la Turquie d'Europe* dont un couteau vengeur a ôté le
mot *Turquie*, puis des panneaux-réclames pour des
bicyclettes et des machines à coudre grecques, et
une pièce de viande accrochée à un clou. Nous

sommes là depuis une demi-heure, suppliant les divers « Euripide » et « Thémistocle » de nous donner un peu de soupe, quand, accompagné d'officiers bulgares, le lieutenant Redjed, aide de camp, que Mehemed Ever pacha, parti ce matin pour Kirk-Kilissé au quartier général bulgare, a laissé à Dimotika pour veiller sur les femmes de l'état-major turc et sur les bagages, entre dans la salle commune. C'est un gros garçon réjoui, pour lequel la captivité paraît la plus ordinaire des aventures. Il boit et mange tant qu'il peut et ne semble pas du tout se rendre compte de sa situation. Quand je dépêche un ami près de lui pour lui demander un entretien, il rougit comme une jeune fille et nous coule des regards de confusion heureuse. Bientôt il nous fait remettre le billet suivant : « *Chères Monsieurs. Excusez-moi ce soir jes suis un peux indisposé c'est pour cela que je ne peus pas vous doner un intervu. Mais demin je suis à votre disposition. A vous bien. Lieutenent Redjed.* »

L'interview, que j'ai eue ce matin, était dépourvue de tout intérêt. Le lieutenant a dû rester perpétuellement avec les bagages. C'est par d'autres que j'ai appris l'odyssée de ce douzième corps d'armée turc, qui, chassé de Kirdjeli vers le sud

par la division des Rhodopes (général Kovatcheff),
a fini par venir s'échouer dans les marais de l'es-
tuaire de la Maritza. Après avoir fait dans sa
retraite les étapes Serès, Drama, Xanthi, Gumuld-
zima, le corps d'armée turc se trouva jeudi soir 27
à Machhali. Deux bataillons de la brigade Salabat-
cheff (2.000 hommes) eurent l'audace, avec un
escadron du colonel Taneff, d'attaquer ces 12.000
Turcs. Quelques coups de canon leur répondirent,
le drapeau blanc et puis des parlementaires apparurent. On exigea la venue de Mehemed-Ever
pacha en personne. Il vint et traita immédiatement
de la reddition de toute son armée. Les fusils Mauser s'entassèrent dans le village de Machhali et les
Turcs désarmés défilèrent sur la colline voisine
entre une haie de soldats bulgares. 2.000 Turcs
seulement réussirent à franchir la Maritza, emme-
nant deux canons. On prit 12.000 hommes, 250
officiers, 1.000 chevaux et mulets, 8 canons et deux
dames.

J'ai tenté de voir ces deux captives, mais on les
avait conduites à la gare et fait partir pour Kirk-
Kilissé avant qu'il m'eût été possible de les joindre.
D'ailleurs, d'après mes informations, le voile traditionnel ne cachait point une paradisiaque beauté,

et l'on se demandait pourquoi les généraux turcs, leurs époux, n'avaient pu se séparer d'elles au moment du combat. Peut-être redoutaient-ils pour elles le sort que les troupes turques infligent aux femmes grecques et bulgares qu'elles rencontrent. Car ce douzième corps, avant sa reddition, s'est encore rendu coupable de forfaits et de meurtres dans les villages de Logikeuï et Dervent.

La reddition du douzième corps d'armée débarrasse maintenant la voie de Dimotika-Dedeagatch-Salonique. Les communications vont être normales et, par la voie de Serbie, la Bulgarie va pouvoir en moins de quatre jours faire parvenir matériel, munitions et hommes sur le front de Tchataldja. Ce fait de guerre a une importance considérable au moment où l'on discute de l'armistice car les négociateurs turcs qui, à Tchataldja, ont sans doute tenu jusqu'à présent la dragée haute, vont finir par se convaincre qu'une résistance indéfinie aux raisonnables demandes des alliés est inutile. Les assauts incomplets de Tchataldja, le 17 et le 18 novembre, avaient été un atout dans le jeu turc. Le désastre du douzième corps à Machhali redonne la main aux Bulgares.

Tirnovo-Seymen, 4 décembre.

Embarqués à Dimotika sur un camion automobile qui fait la navette Dimotika-Semenli (rive droite de l'Arda), nous abattons soixante kilomètres en six heures, ce qui est pour nous une joie oubliée. Nos chevaux nous rejoindront à petites journées. Cette partie de la Macédoine est plus riante et, malgré une forte brume froide, on devine que ces vallons doivent être charmants au printemps, car il y a des arbres, enfin, des arbres! des petits moulins pittoresques au bord de la rivière et, dans les villages, les cafés, avec leurs bancs de bois sous la treille que l'automne n'a pas encore complètement effeuillée, disent les heures paisibles dans les crépuscules d'été. Ces environs immédiats d'Andrinople connaissent une certaine prospérité, et la grosse bourgade de Ortakeui, où nous arrivons vers une heure de l'après-midi, étage quelques édifices importants sur une colline ronde. Ortakeui est en grand émoi. On attend l'arrivée de la colonne des prisonniers turcs, dont l'avant-garde, composée principalement d'officiers et de leurs centaines de mulets et de chevaux de bât, a passé la veille. Le camion automobile les a dépassés sur la route à deux ou trois kilomètres de Ortakeui. Ce sont ceux dont je vous ai parlé dans ma dernière lettre. En les regardant de nouveau, se reformant hâtivement par rangs de huit, dès que la voiture a passé, mes impressions se confirment. C'est un ramassis d'hommes de toutes races, de tous âges, sans apparence martiale. Je sais bien que toutes les armées prisonnières, dépourvues de leurs armes et de leur équipement, doivent faire triste figure, mais ces soldats turcs sont vraiment trop disparates. La levée en masses, le racolage de tout ce qu'on trouvait a produit ce résultat. Quel contraste avec ce régiment de réserve bulgare arrivé à Dimotika, la veille de notre départ. Les hommes, de beaux gaillards, venus de l'étranger, d'Amérique surtout, trop tard pour être envoyés en première ligne, formaient un ensemble. Il n'y avait pas, parmi eux, d'hommes dont le physique jurait avec celui de ses voisins. Même désarmés, ceux-là auraient ressemblé à quelque chose. On a dû s'illusionner sur les soldats turcs ou faire des appréciations sur le papier, mais ceux que j'ai vus, prisonniers ou morts, m'ont rarement donné l'impression de belle structure.

A Semenli, un instant d'inquiétude. Le colonel

Ruleff, commandant l'étape, nous déclare qu'il n'y a aucun véhicule permettant de conduire plus loin nos bagages. Ce misérable village, à moitié brûlé, a transformé les quelques maisons qui restent en ambulance et le phénol domine toute autre odeur. Va-t-il falloir déployer nos tentes et passer la nuit? Deux chars à bœufs viennent finalement à notre secours et, dans le soir qui tombe, nous partons, pataugeant dans les marais de l'Arda.

Cette rivière est capricieuse. Ses crues subites ont déjà emporté deux ponts de bateaux et l'on travaille au moment où nous passons, au grand effroi de nos bœufs, à rétablir le second. Voici la nuit. Nous n'osons pas nous engager dans la montagne, nos bouviers, comme nous, ignorant le chemin, et la carte et la boussole ne suffisant pas. Alors, on campe au village de Cerdeli, dont les obus n'ont laissé que cinq ou six maisons debout. Avec la seule lumière d'une bougie, nous finissons par faire choix d'une demeure qui paraît moins sale que les autres. L'un va à la corvée de bois, l'autre balaye et bientôt un bon feu, dont quelques chambranles de portes, détachées à coup de bélier, font l'aliment substantiel, égaye notre demeure. Notre présence attire tous les chats du village qui, malgré les remparts que nous établissons pour remplacer les portes et les fenêtres absentes, pénétreront la nuit dans la place pour s'attaquer à notre dernière demi-boule de pain et à une boîte de thon entamée. Les insectes et les miaulements des chats affamés troublent un peu notre sommeil, mais nous sommes à l'abri du froid et des miasmes paludéens de l'Arda, et c'est déjà quelque chose.

Le jour n'est pas levé que nous repartons. Bien nous a pris de ne pas tenter de nuit la traversée des collines qui séparent la vallée de l'Arda de celle de la Maritza. La carte n'est d'aucune aide, car elle a quarante années de date et les pistes s'entre-croisent dans tous les sens. On s'y retrouve tant bien que mal et, à midi, nous arrivons triomphale-ment à la station de Kadikeui, sur le chemin de fer qui vient et surtout qui va à Mustapha-Pacha.

Ce sont les docteurs, toujours les bons docteurs qui vont être notre providence. Ils nous convient à déjeuner sous leur tente française et nous servent un repas copieux dont le mets le plus imprévu est certainement de la « glande mammaire de jeune vache » (*sic*). Quand on n'est pas habitué et qu'on est pris à l'improviste, on a évidemment une petite émotion à planter, avec un sourire et un remerciement, sa fourchette dans du pis de vache, mais cela n'est pas plus mauvais qu'autre chose et le petit goût laiteux est très supportable.

La station de Kadikeui a été débaptisée. Elle s'appelle maintenant *Capitaine Andreff*, du nom d'un officier qui fut tué près de cette localité. Les Turcs ont laissé la gare intacte. C'est avec une certaine curiosité que je regarde tous les tableaux de service et, au-dessus de l'appareil Morse, la liste des signaux d'appel. Andrinople c'est •▬ Le chef de gare s'appelait M. Spitacas. Lança-t-il un dernier message pour annoncer à Andrinople qu'il s'en allait ou, dans l'affolement, ne télégraphia-t-il rien du tout et s'embarqua-t-il dans le dernier train, pendant que dans la gare vide que les Bulgares n'avaient pas encore atteinte, le tic-tac du Morse résonnait sans réponse : Dites-nous ce que font les Bulgares ?.... Et la bande blanche se déroulait en volutes sur la table sans personne pour la lire.....

Comme on voudrait connaître ces petits drames où dans l'angoisse de quelques êtres il y a une si profonde vision d'humanité.

Kadikeui et tout ce secteur ouest d'Andrinople sont maintenant occupés par l'armée serbe. C'était la première fois que j'entrais en contact avec elle.

Les hommes m'ont paru moins rudes que les troupes parmi lesquelles je vis depuis bientôt deux mois. Les médecins m'ont raconté que les blessés serbes sont d'une sensibilité nerveuse plus grande que les blessés bulgares. Ces derniers, comme je vous l'ai déjà dit, supportent, comme les grenadiers de la Grande Armée, les amputations la pipe aux dents. Les Serbes ont besoin de plus de soins. Question de tempérament, d'habitudes de vie plus douces que les Bulgares. On m'a dit, et je ne rapporte ce fait que sous bénéfice d'inventaire, bien que mon informateur soit un homme en lequel j'ai grande confiance, que les rapports entre Serbes et Bulgares n'ont pas toute l'urbanité désirable. On voudrait, des deux côtés, se réserver le mérite exclusif de la victoire et ici, où les Serbes dépendent un peu des Bulgares par leur ravitaillement et leur confort, on ne s'empresse pas de leur donner satisfaction. Les officiers des deux armées ne fréquentent pas le même mess. Ils s'évitent et les Serbes, qui estiment avoir apporté dans l'œuvre commune un concours considérable, s'en montrent assez affectés.

Il n'y a là évidemment rien de grave et il faut se faire au caractère bulgare, dont j'ai moi-même,

malgré des protestations et des preuves_évidentes
d'amitié, subi assez souvent l'inconsciente sévérité.
C'est un peuple qui n'a pas été heureux, qui a
beaucoup souffert et beaucoup lutté. Quand cette
crise capitale de son histoire sera terminée et qu'un
avenir immense s'ouvrira devant lui, les angles
s'adouciront.

Il est vrai que les Serbes n'ont pas été beaucoup
plus gâtés et, pourtant, leurs rouages sociaux sont
mieux graissés !

Arrivés à Mustapha-Pacha dans la nuit d'hier,
après avoir passé un rapide examen à la quarantaine, nous sommes arrivés ce matin à Tirnovo-Seymen, après douze heures de voyage dans un
wagon de première, confort tout à fait inconnu à
la courbe de notre dos.

Au moment où nous quittions Mustapha-Pacha,
un duel d'artillerie s'engageait autour d'Andrinople et les salves des grosses pièces roulaient au
loin[1]. Fallait-il rester, attendre la reddition de cette
seconde capitale de la Turquie ? Je ne l'ai pas

---

1. Cette canonnade fut la dernière avant la signature de l'armistice et sa communication au commandant de la garnison
d'Andrinople, communication qui ne put être faite que le lendemain 4 décembre, l'armistice ayant été signé à Tchataldja le 3 décembre à 8 heures du soir.

pensé. Le tour pris par les négociations, la conclusion prochaine de l'armistice à Tchataldja diminuaient l'intérêt de ce siège. La chute d'Andrinople ne peut que hâter la conclusion de la paix, elle ne peut pas en changer les principes essentiels.

J'ai donc quitté le théâtre de la guerre, après avoir imparfaitement, mais peut-être mieux que d'autres, ce qui est une consolation, suivi une campagne dont la rapidité restera la principale caractéristique.

Les conclusions, les jugements viendront plus tard, mais je voudrais, en disant adieu à ces soldats dont j'ai vu l'effort héroïque, répéter que ce qu'il y a eu de plus beau, de plus haut dans la guerre que la Bulgarie a, pour son compte, livrée à la Turquie, c'est le sentiment d'unité qui a animé tous les hommes de cette armée. Le peuple entier a pris les armes pour un idéal séculaire. C'est la foi nationale qui a donné la victoire...

FIN

TABLE DES MATIÈRES

ÉVREUX, IMPRIMERIE CH. HÉRISSEY, PAUL HÉRISSEY, SUCC^r